ALBERTO LORI

VOCE DA SPEAKER

Tecniche Avanzate per un Uso Eccellente della Voce

Titolo

"VOCE DA SPEAKER"

Autore

Alberto Lori

Editore

Bruno Editore

Sito internet
www.brunoeditore.it

Sommario

Chi è Alberto Lori: 2 anni di giornale radio, 12 anni di telegiornale RAI; redattore del telegiornale *Contatto* di Maurizio Costanzo alla PIN della Rizzoli; giornalista freelance e voce di documentari e rubriche TV di successo come: *Mixer, Top Secret, Ultimo Minuto, SuperQuark, Sorgente di Vita, Gaia, Sfide, La Storia siamo noi, Enigma,* ecc.

Diplomato Practitioner e Master advanced in PNL all'ISI-CNV di Marco Paret e in Sviluppo delle Risorse Umane all'HRD Academy di Roberto Re, docente di "Comunicazione verbale" alla Luiss, Corso di giornalismo, è libero docente di Comunicazione al *Campus de' Media* organizzato dal CONI (*Impara l'arte del comunicare scritta e parlata*) e tiene seminari su "*Reading & Speaking*" all'Università della Sapienza di Roma per la facoltà di "Scienza della Comunicazione" nell'ambito dei corsi d'esame di *Teoria e Tecnica del linguaggio giornalistico* del prof. Aldo Fontanarosa e di *Economia e Organizzazione delle Imprese Editoriali* del prof. Giuseppe Marchetti Tricamo e all'Università di Cagliari presso la facoltà di "Scienze della Formazione" nell'ambito del corso di *Teoria dei linguaggi e della comunicazione* della prof.ssa Elisabetta Gola. Infine presso l'associazione L'Archivio organizza corsi su "*L'arte della Comunicazione*".

Ha pubblicato per RAI ERI *Speaker: guida alla comunicazione verbale; Parlar chiaro: guida alla comunicazione intelligente; Manuale di conversazione: guida alla comunicazione integrale; Reading & Speaking: guida alla comunicazione efficace e senza stress*.

INTRODUZIONE

L'italiano si può parlare come si vuole basta farsi capire è un postulato di base, difficilmente confutabile. Tuttavia, se al *farsi capire* volessi aggiungere anche l'esprimersi in maniera foneticamente corretta, la giusta pronuncia, un discreto vocabolario, proprietà di linguaggio e un pizzico di cultura, non pensi che il tutto ti agevolerebbe, e non poco, in un mucchio d'ambienti professionali e non?

Già, ma se a *questo tutto* manca l'elemento voce, che ti resta? Nulla. La voce è il tuo biglietto di presentazione di fronte a chiunque. Presenteresti mai ad un qualsivoglia interlocutore un biglietto da visita sgualcito, unto, macchiato, scarabocchiato? Allora perché mai insisti ad usare una voce rauca, chioccia, tremolante, acuta, stridula, intubata, nasale, gutturale, quando potresti con un minimo esercizio ottenere un registro vocale pieno chiaro, sicuro?

Certo, se le tue disfonie derivano da ragioni organiche, posso aiutarti soltanto consigliandoti un buon foniatra o logopedista. D'altra parte, invece, se i tuoi guasti vocali sono conseguenze di cattive abitudini contratte nel tempo, allora sì è possibile intervenire con esercizi d'ortofonia mirati a superare dette disfonie. Lo vedremo in seguito.

Ritornando alla voce biglietto da visita, è vero anche il discorso inverso. Tu potresti possedere una voce bellissima, calda, musicale, ma se la utilizzi senza colore, in modo monotonico, monocorde, è come se avessi in garage una splendida Lamborghini ultimo modello, ma senza motore. È ovvio che così non faresti un metro fuori di casa.

Esiste un binomio inscindibile: voce-linguaggio, assimilabile ad un altro binomio, anche questo non separabile, strumento musicale-spartito di note. Come faremmo con una chitarra, un clarinetto, un pianoforte, anche con la voce cercheremmo d'imparare come si suona, di capire le potenzialità dello strumento per realizzarle. Poi ci dedicheremmo allo spartito per analizzare le note che lo corredano per poter suonare secondo quella partitura. È ciò che faremo in 7 passi, con un vantaggio rispetto allo strumento musicale. Tutti possono imparare a suonare, ma sono pochi coloro che possiedono il talento per trarre dal proprio strumento quei suoni sublimi che ne fanno un concertista di successo. Con la voce, per fortuna, è diverso.

Sfatiamo il luogo comune secondo cui un buon comunicatore è soltanto chi può contare sulla facilità di parola e una buona cultura alle spalle. NON E' VERO!!!

Etimologicamente comunicare nasce dal vocabolo latino *communis* che significa "*mettere in comune qualcosa*", in questo caso un'idea, un progetto, un messaggio. Ecco, nella comunicazione efficace l'oratore (il conferenziere, il comunicatore, come vuoi chiamarlo) interagisce sempre con l'ascoltatore. Porre l'accento sull'importanza del primo rispetto all'altro, di chi parla e non di chi ascolta, significa svuotare di senso la comunicazione, che ha come scopo quello di privilegiare il destinatario dell'idea, del progetto, del messaggio.

C'è anche un altro aspetto da porre in evidenza: il secondo termine del binomio voce-linguaggio. Certo anche quest'ultimo elemento subisce la legge assoluta del cambiamento. Niente è uguale a se stesso, anche il linguaggio evolve. Sicuramente, però, sarà meglio non imbarbarirlo con l'uso smodato del gergo. Ogni corporazione ha il suo argot. I medici hanno il medichese, gli informatici l'informatichese, gli avvocati l'avvocatese e via discorrendo. Se quel gergo rimane nei limiti della corporazione nella quale nasce e si evolve, poco male. Drammatico è se quel modo di esprimersi trova ampia diffusione attraverso mezzi di comunicazione di massa come la radio e la televisione.

Ho ascoltato un'intervista radiofonica ad un assessore comunale dove, ad una domanda precisa dell'intervistatore, il burocrate rispondeva nel più becero burocratese che "*sì, c'era l'urgenza di implementare i servizi a cui sono demandati gli operatori ecologici*". Perdiana! Non poteva dire che c'era la necessità di pulire più a fondo le strade? Sarebbe come se in questo manuale, parlando di dossi stradali mi esprimessi definendoli "*anomalie altimetriche convesse*" o se discutendo di tombini, parlassi di "*manufatti umani per lo smaltimento delle acque reflue*".

Vogliamo parlare di politichese? Pensa se qualcuno volesse informarsi sul contenuto di quest'ebook e la persona preposta rispondesse che "*l'approccio programmatorio al volume si estrinseca attraverso linee di tendenza a carattere dirigistico, non sottacendo ma anzi puntualizzando, come aspetto assolutamente probatorio e condizionante, il coinvolgimento attivo dei lettori*". Credo che, grazie a quest'intervento, quest'ebook non venderebbe nemmeno una copia.

Altra cosa sarebbe cogliere di striscio il linguaggio attuale dei nostri figli. Ho un nipote che frequenta il liceo. Passando davanti alla sua camera ho colto attraverso la porta aperta le parole di una lezione che stava ripetendo ad un compagno di classe: "*Dante sbavava per Beatrice, una strafiga megagalattica*". Mi sono messo a ridere, ritenendo il linguaggio di mio nipote spiritoso e ricco d'inventiva. Naturalmente non ho mancato di suggerirgli che nel caso di un'interrogazione avrebbe dovuto esprimersi in altra maniera: "*Dante provava una fortissima attrazione per Beatrice, motivata dalla sua bellezza e nobiltà d'animo*".

Che cosa voglio dire con questo? Che il nostro linguaggio è strettamente correlato alle circostanze e agli interlocutori. Se devo parlare di fronte ad una platea di sconosciuti, mi esprimerò in maniera formale. Se mi trovo in redazione con colleghi redattori il linguaggio sarà molto più colloquiale. Se poi questi colleghi sono amici intimi, ben venga l'intimità più totale.

Un altro aspetto del lessico riguarda la proprietà di linguaggio. Questo non sembra più essere uno dei criteri base per la scelta di coloro che parlano alla radio e alla televisione. Se tornasse in vita, Ennio Flaiano straccerebbe il suo volumetto intitolato "Frasario essenziale" dove cita il pittoresco modo di esprimersi dell'amico e produttore Peppino Amato definito dallo stesso Flaiano *simil-italiese.*

Ho avuto una riunione dove tutti si erano ***alcolizzati*** (invece di coalizzati) *contro di me.*
Ho fatto un'iniezione ***sotto catania*** (in luogo di sottocutanea).
Saluti dalle ***pernici*** (invece di pendici) *del Monte Bianco.*

Basterebbe fare uno zapping tra le diverse stazioni radio locali per rendersi conto che il simil-italiese è più comune di quanto s'immagini.

Sono stato in campagna e mi sono imbattuto in un branco di galline allo stato ebraico.
Signori, vi prego, facciamo un brecht!
Ho portato un pacco in via ics ics settembre.
Attenzione, questa decisione ci può tornare indietro come un bungalow.
In Egitto hanno riportato alla luce un prezioso castrofago.
Ho acquistato un forno a microbombe che cucina il pollo in 5 minuti.
C'è un grave ritardo nel rullino di marcia.
Non si fa che girare, come frati nel chiosco.
Quanno moro me faccio cromà! (Non è padano, è romanesco!)

Insomma, chi più ne ha, più ne metta! Purtroppo queste topiche del linguaggio si prendono anche da parte di chi sembrerebbe insospettabile. Parlo dei nostri radio e tele-comunicatori.

Attenzione! Non si può dire che a Pinco Pallino sono stati *comminati* tre anni di galera per avere commesso un determinato misfatto. Il verbo comminare deriva dal latino e significa "minacciare". Il codice penale minaccia tre anni di galera se si commette quel reato. Una volta che quel reato è passato in giudicato, il giudice **infligge** non commina gli anni di galera.

Un altro errore di proprietà di linguaggio che si commette spesso da parte dei nostri amici commentatori sportivi, ma, quel che è peggio, lo troviamo anche scritto sui giornali è la confusione tra gli aggettivi "*defatigante*" e "*defaticante*". Non è possibile dire o scrivere che un atleta dopo lo sforzo agonistico si è sottoposto ad esercizi *defatiganti*. *Defatigare*, altro verbo d'origine latina, significa faticare, estenuare. Se si vuole sciogliere la fatica, bisogna sottoporsi ad esercizi **defaticanti**.

Altra confusione è quella ingenerata da verbo "espiare". Letteralmente il verbo significa: "emendare con una pena una colpa commessa". Ne consegue che non si può dire o scrivere: Tizio sta espiando la pena in carcere. La pena **si sconta**, la colpa si espia.

Con questo voglio dire che se vogliamo fare partecipe chiunque nel nostro messaggio, non dobbiamo distrarlo con modi di dire contraddittori. È soltanto un'altra maniera per rendere inefficace la nostra comunicazione.

Buona Lettura,

Alberto Lori

1° GIORNO

Come impostare una voce da speaker

Per la comunicazione verbale noi esseri umani utilizziamo la voce, uno strumento rappresentato dall'insieme dei suoni emessi dalla laringe per effetto delle vibrazioni delle corde vocali. Da queste poche parole si deduce che l'organo incaricato alla fonazione, cioè alla formazione dei suoni, è la laringe. Si tratta di quel tratto superiore della trachea in cui si distinguono alcune pieghe della mucosa interna, le corde vocali appunto, che grazie alla respirazione, avvicinandosi e vibrando, emettono particolari note sonore che ci permettono di parlare, di cantare, di recitare, di leggere a voce alta.

Tecnicamente, sia pure in maniera semplificata, il processo di formazione dei suoni avviene in questo modo: in fase d'inspirazione l'aria passa senza impedimenti attraverso la laringe e va a riempire i polmoni fino al diaframma, facendolo abbassare. Nella fase d'espirazione il fiato inalato, spinto dal diaframma come se fosse una molla prima tesa e poi rilasciata, ripercorre il cammino inverso attraverso il condotto laringeo. Sospinto verso l'alto, il flusso d'aria trova ostacolo nelle corde vocali chiuse. La forza del mantice polmonare, combinata alla spinta diaframmatica e dei muscoli addominali, pone il flusso nelle condizioni di aprirsi la strada attraverso le corde vocali, che si socchiudono entrando in vibrazione. Il suono prodotto, nella risalita attraverso la faringe, E' indirizzato dal velo pendulo o verso le fosse nasali o verso la bocca.

La voce può essere classificata con riferimento al timbro: grave (di petto), acuta (di testa), gutturale (di gola), nasale (di naso). Ma anche, se correlata al volume di emissione (l'intensità): indistinta, articolata, monocorde, alta, bassa, esile, fioca, stentorea, tonante. Questo perché la laringe varia di dimensioni a seconda del sesso e dell'età dell'individuo.

Tuttavia, prima di scoprire come sia possibile utilizzare al meglio il proprio strumento di fonazione o di tentare di modificare la propria voce se esistono difetti, è necessario imparare a usare nel modo migliore l'apparato di respirazione, di cui ci ha dotato madre natura.

Prima di ogni altra cosa, renditi conto di un primo aspetto importante. Respirare bene è fondamentale, non tanto perché una buona ossigenazione ti consente di vivere meglio e più a lungo, quanto, se è tuo desiderio rendere al massimo nella professione che hai in animo d'intraprendere, per esprimerti con quel meraviglioso strumento che è la voce.

SEGRETO: Respirare bene è fondamentale per esprimerti con quel meraviglioso strumento che è la voce.

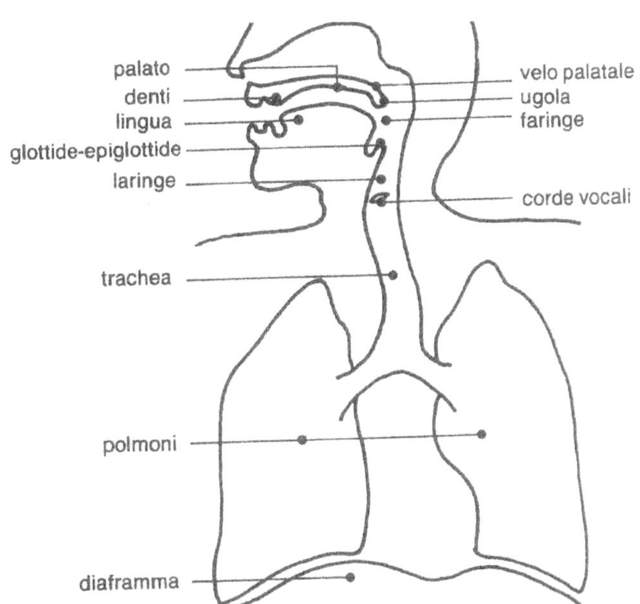

Immagino che ti sia accorto che a ciascuna delle nostre attività corrisponde un tipo di respirazione che le è congeniale. Non è necessario essere degli esperti per sapere che, se corriamo per sport per le strade della città, respiriamo in maniera diversa di quando siamo seduti in poltrona, immersi nella lettura di un buon libro o che il ritmo del nostro respiro quando siamo svegli è diverso da quello che abbiamo quando siamo addormentati. Sappiamo anche che le emozioni finiscono per influenzare la nostra respirazione. L'uomo in collera respira in modo diverso dall'ansioso, così come il respiro del calmo è differente da quello del nervoso.

E' evidente che nessuno dei tuoi futuri datori di lavoro ti costringerà a leggere un documentario o a esprimere un concetto di complicata strutturazione mentre stai correndo o nell'esercizio di altre attività forse più faticose ma senz'altro più piacevoli. Tuttavia, sarai d'accordo con me nel ritenere che il ritmo di respirazione nei momenti di calma e tranquillità è quello più adatto in qualsiasi frangente della vita, qualunque sia la nostra professione. Ciò è soprattutto vero per chi svolge il mestiere di lettore, ma anche per chi è un professionista della comunicazione verbale.

SEGRETO: Il ritmo di respirazione nei momenti di calma e tranquillità è quello più adatto in qualsiasi frangente della vita, qualunque sia la nostra professione.

Ti sfido a leggere ad alta voce non più di due righe di testo quando sei preda di una forte emozione. La gola ti si stringe, il respiro si spezza, la salivazione scompare, il cuore ti squassa lo sterno. Se sei in grado di articolare distintamente cinque parole di fila in queste condizioni sei un marziano.

Ti sorprenderà, ma per ottenere una buona dizione e per "farsi sentire" in qualunque ambiente è indispensabile respirare bene. Già, il problema sta tutto nella respirazione. Bisogna sapere respirare nel modo giusto per potere dominare il proprio respiro e permettere alla propria voce di articolare le parole in modo che giungano comprensibili all'ascoltatore. In altre parole, dato che la maggioranza delle persone respira male, è necessario **re-imparare** a respirare.

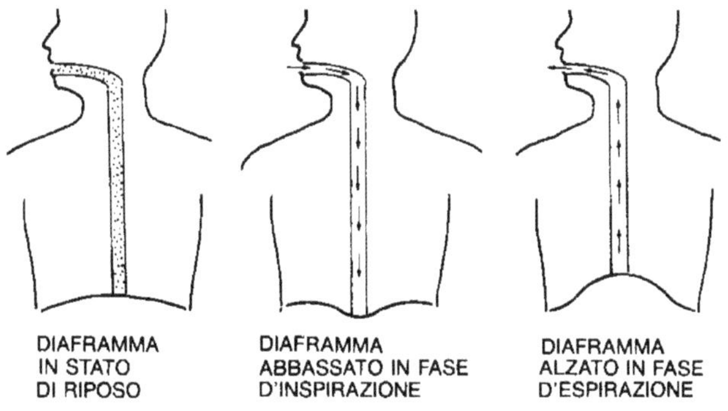

Chi fa uso professionale della voce, deve impostare la respirazione sul diaframma, una membrana muscolare tesa e sottile come un foglio di carta che separa la cavità toracica da quell'addominale. Se respiriamo male, riempiendo solo la parte alta dei polmoni, ci accorgiamo della sua esistenza quando ridiamo a crepapelle e ci fa male la pancia, quando abbiamo il singhiozzo oppure quando sbadigliamo a rischio di slogatura di mascelle.

E' chiaro che se finora ti sei abituato a respirare riempiendo i polmoni in minima parte, dovrai sforzarti a immagazzinare aria (mezzo litro ne basta) per riempirli entrambi fino al diaframma che si curverà in basso (fig. 2). In seguito, l'espirazione lenta e continua porterà il diaframma a sollevarsi.

Il **primo esercizio** d'impostazione del respiro diaframmatico è semplice e si svolge in due tempi.

Procediamo con ordine: sdraiato supino su una qualunque superficie comoda, distendi gambe e braccia, leggermente divaricate dal corpo, chiudi gli occhi. Dopo avere eliminato il fiato residuo dai polmoni, comincia a inalare aria attraverso il naso contando mentalmente fino a sei. Colgo già la tua prima obiezione. *Con quale ritmo conto fino a sei? Uno due tre quattro cinque sei, oppure uno, due, tre, quattro, cinque, sei?* Hai ragione, il ritmo è importante, non possiamo inspirare in maniera troppo veloce o troppo lenta.

La soluzione ottimale per il principiante è modellare la respirazione sulla frequenza cardiaca. Con l'indice e il medio cerca la vena sul polso e una volta individuata, conta le pulsazioni. In un soggetto normale i battiti dovrebbero essere tra i sessanta e i settanta al minuto. Impadronisciti del ritmo e utilizzalo per contare fino a sei in fase d'inspirazione – ricorda d'inalare con il naso – fino a tre in fase di apnea e fino a dodici in fase d'espirazione – puoi espellere il fiato anche con la bocca.

Metti una mano sullo sterno per verificare l'immobilità del torace e l'altra sulla pancia, nella zona dell'epigastrio. E' questa zona dell'addome che deve essere coinvolta nella respirazione. Dopo avere eliminato ogni contrazione dei muscoli, elimina dai polmoni ogni fiato residuo.

Attraverso le narici (entrambe o, se preferisci, attraverso una narice per volta tenendo l'altra tappata), lentamente inala l'aria, portandola direttamente nell'addome. Per facilitare il movimento, immagina di gonfiare un palloncino nella pancia.

Una volta gonfio, dopo essere stati per pochi istanti in apnea (due o tre secondi sono sufficienti), comincia ad espellere dalla bocca l'aria, sempre adagio, immaginando che il palloncino nella pancia si sgonfi, in modo che l'addome si abbassi. Una buona abitudine è far seguire l'espulsione dell'aria dal suono di una vocale che va smorzandosi con il progressivo esaurirsi del fiato dai polmoni.

Ti consiglio di praticare questo esercizio respiratorio più volte al giorno, in auto mentre sei fermo davanti al semaforo, in autobus o in tram, in fila alla posta, mentre guardi la televisione, al tavolo di lavoro, prima di addormentarti. Devi fare l'abitudine a pensare alla respirazione diaframmatica finché non avrai imparato ad eseguirla correttamente ed essa stessa non sia diventata un movimento automatico e non solo volontario.

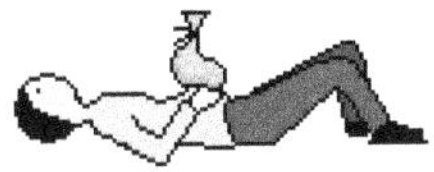

Una variante dello stesso esercizio respiratorio tra l'altro molto utile per rafforzare il diaframma, è quello di porre un sacchetto di plastica, di quelli per il freezer per intenderci, pieno di sabbia (mezzo kg è sufficiente) sulla pancia, proprio sotto la cassa toracica. Ci servirà per allenarci a sollevarlo nel momento in cui impareremo a muovere il diaframma.

Il **secondo esercizio**, pur essendo simile al primo, è indicato espressamente come tecnica di rilassamento. Dovunque ti trovi, sdraiato, seduto o in piedi, schiena diritta e muscoli rilassati, liberati dell'aria rimasta nei polmoni, poi inspira lentamente attraverso le narici contando mentalmente fino a sei, sino a spingere in basso il diaframma. Dopo avere trattenuto il respiro per qualche istante (ricordati di continuare a mantenere rilassati i muscoli dell'addome, le spalle diritte, le natiche contratte), comincia gradualmente a espirare contando fino a dodici. Esegui questo esercizio quando vuoi, possibilmente in un ambiente arioso e ventilato. E' un'ottima tecnica di rilassamento, molto utile nelle circostanze della vita che comportano tensione, ansietà, nervosismo, arrabbiature.

SEGRETO: Impara bene la sequenza respiratoria 6-3-12. Non solo re-imparerai a respirare con il diaframma, ma questa tecnica, utilizzata come esercizio di rilassamento prima di addormentarti, agevolerà il tuo sonno meglio di un sonnifero.

Il **terzo esercizio** proposto è più specifico per l'attività di lettore, ma consideralo anche un utile allenamento per coloro che usano molto la voce nella loro professione (pensa agli insegnanti, ai comunicatori aziendali, a coloro che lavorano nei Call Centers).

In piedi (meglio che seduti perché difficilmente in futuro ti capiterà di leggere comodamente assiso su una sedia con il risultato di schiacciare il diaframma), schiena diritta, muscoli rilassati, testa leggermente piegata all'indietro, svuota i polmoni dall'aria immagazzinata.

1° tempo, inspirazione: narici aperte, prendi lentamente fiato col naso fino a riempire i polmoni nella loro totalità.

2° tempo, apnea: mantieni per due, tre secondi l'aria nei polmoni, senza respirare.

3° tempo, espirazione: comincia a espellere l'aria, scandendo a voce alta una serie di numeri (1001, 1002, 1003, e così via), equivalenti al trascorrere dei secondi.

Probabilmente sarai riuscito a contare dai dodici ai quindici secondi. Bravo, è una buona misura. Ripeti l'esercizio ogni mattina per cinque minuti, davanti alla finestra spalancata (meglio se vivi in campagna, lontano dallo smog) cercando di aumentare la numerazione. Basterà poco perché impari a respirare non solo meglio, ma anche a immagazzinare il quantitativo d'aria che ti serve per parlare, leggere, recitare, qualunque sia la tua professione di comunicatore, senza dovere restare senza fiato a metà di una frase.

Potresti chiedermi: davanti a un testo da leggere, ogni quante parole si dovrebbe respirare?
Dipende dall'allenamento e dalle capacità di ciascuno. Una buona media sarebbe all'incirca una trentina di parole. Certo, sarebbe difficile mantenere questa media con vocaboli piuttosto lunghi come quelli di uno scioglilingua del tipo: *se l'arcivescovo di Costantinopoli si arcivescovizzasse...* Ti risparmio il resto. Prova tuttavia a leggere ad alta voce questo brano tratto da un mio racconto, "*Nakkilakke*". Sono più o meno trenta parole.

Cinquantenne, dal fisico prestante, ben curato, di statura più elevata della media britannica, con una faccia aperta e simpatica alla Harrison Ford, sir Daniel possedeva, oltre tutto, un magnetismo che affascinava.

Non ti è piaciuto? Allora cambiamo autore. Proviamo con Gabriel Garcìa Màrquez. Certamente avrai letto "*Cent'anni di solitudine*": questo è l'incipit:

Molti anni dopo, di fronte al plotone di esecuzione, il colonnello Aureliano Buendìa si sarebbe ricordato di quel remoto pomeriggio in cui suo padre, il vecchio Àlvaro, lo aveva condotto a conoscere il ghiaccio.

Ce l'hai fatta? Bravo. Sappi, comunque, che se vuoi diventare un vero speaker professionista non potrai certo accontentarti di leggere una trentina di parole senza tirare il fiato. Te ne occorreranno almeno il doppio ed è questo l'esercizio che dovrai fare d'ora in avanti almeno una volta al giorno: sessanta vocaboli di fila senza fare pause né tirare il fiato. Giorno per giorno potrai constatare i progressi della tua autonomia respiratoria. In seguito, quando sarai diventato padrone della tecnica della respirazione diaframmatica imparerai che una buona velocità di lettura, ben ritmata, non dovrà superare i quattro secondi a riga. Solo in casi eccezionali, tipo scheda di MIXER (tanto per citare una delle rubriche televisive più grintose), si può arrivare a tre, ma se non si è più che allenati, va a scapito della intelligibilità. E sai quanto sia importante che il messaggio di cui sei portatore giunga al destinatario nel modo più chiaro e comprensibile possibile! Ecco qui l'esercizio che dovrà diventare il tuo tormentone giornaliero:

Montate le attrezzature, aspettiamo l'alba che con i suoi primi chiarori ci permette d'immortalare queste rare immagini. Mentre la città ancora dorme, i fenicotteri già setacciano il fondo dello stagno per procurarsi il cibo. Schivo e solitario, l'Airone bianco fa la sua comparsa nelle basse acque melmose. Trascorre la sua giornata immobile, aspettando che le sue prede commettano il più piccolo errore.

N.B. A proposito della distribuzione dei fiati, un consiglio tuttavia te lo posso anticipare. Nelle frasi che risultano troppo lunghe o involute (non tutti sanno scrivere per la radio e la televisione) un mezzo respiro lo si può prendere davanti alla congiunzione "e", se regge periodi che possono essere a sé stanti, alle disgiuntive "o", "od", "oppure", al "che" (il o la quale, i o le quali) delle relative.

Una volta che abbiamo imparato a respirare in modo corretto, possiamo dedicarci all'impostazione corretta della voce.

La voce. Se ci pensi bene, è un vero miracolo della natura: qualcosa d'immateriale che nasce da un apparato materiale. Qualcuno l'ha definita la colonna sonora delle nostre emozioni ed io aggiungo, dei nostri pensieri.

Se andiamo ad approfondire il fenomeno della fonazione, vale a dire il processo di formazione dei suoni, ci rendiamo conto di un primo aspetto basilare. Le condizioni ottimali per l'emissione del suono non dipendono tanto dalla respirazione, quanto dalla correttezza dell'atto respiratorio. Per leggere come per parlare, volendo usufruire dell'intera gamma di toni e coloriture di una voce ben impostata, è indispensabile una respirazione calma, senza forzature, profonda fino al livello del diaframma.

SEGRETO: Per leggere come per parlare è indispensabile una respirazione calma, senza forzature, profonda fino al livello del diaframma.

E' opinione comune che le donne respirino con il torace (più spesso soltanto con la parte alta dei polmoni) e gli uomini con l'addome. In realtà, è più giusto affermare che le prime respirano in prevalenza con il torace, mentre i secondi in prevalenza con l'addome. Tuttavia, per una più corretta funzione respiratoria è necessaria, per le une come per gli altri, impiegare la cosiddetta respirazione combinata, determinata dall'abbinamento di entrambe le forme di respirazione.

Uno dei miei primi allievi, un insegnante di storia, mi domandò per quale ragione dopo pochi minuti dall'inizio della lezione in classe la sua voce tendeva a velarsi per poi rompersi fino a sconfinare nella raucedine. Era forse a causa dello stress, dell'ansia che lo pervadeva? No, i suoi disturbi erano causati da una respirazione errata e dal conseguente mancato coordinamento tra suono e respiro.

Se manca la spinta diaframmatica e dei muscoli addominali e se in più la respirazione è apicale, vale a dire coinvolge soltanto la parte alta dei polmoni, il flusso d'aria inviato verso la bocca troverà difficoltà a fare entrare in vibrazione le corde vocali. Dovranno allora intervenire in aiuto i muscoli laringei, i quali, costretti a compiere un lavoro che non compete loro, si affaticheranno con le conseguenze del caso: velatura della voce, raucedine, senso di bruciore alla gola e via dicendo. Tutto ciò avviene perché manca il supporto indispensabile del diaframma e dei muscoli dell'addome.

Per semplicità, potremmo scomporre il fenomeno voce, peraltro nella realtà inscindibile, in tre momenti distinti: l'atto respiratorio, la creazione del suono e la modulazione del suono stesso. Le tre funzioni coinvolgono l'apparato respiratorio e la parte superiore di quello digestivo – nella fattispecie, gli organi della masticazione e della deglutizione: il primo è responsabile del ricambio d'aria nell'organismo e della generazione di suoni, il secondo della modulazione del timbro vocale e dell'articolazione della parola.

Messo a punto il mantice diaframmatico-polmonare che fornirà l'aria necessaria per l'emissione di suoni, l'altro aspetto da esaminare riguarda le caratteristiche basilari della voce.

a) L'intensità: la sonorità del suono, data dal volume in relazione al fiato emesso in fase d'espirazione ed espresso dalla potenza del mantice polmonare.

SEGRETO: Ricorda! il volume della tua voce dipende dal diaframma. Quanto più potente sarà la sua spinta, tanto più potente risulterà la tua voce.

b) L'altezza: dipende dalla tensione delle corde vocali. Al variare della tensione si modifica lo spessore delle corde. Tanto più corta, tesa e sottile è la corda vocale, tanto più acuto è il suono emesso;

c) Il timbro: la qualità del suono. E' il nostro biglietto di presentazione nel momento in cui s'interagisce con un interlocutore, il quale si accorgerà subito se la nostra voce possiede quelle caratteristiche che la rendono espressiva e modulata oppure se è fastidiosa e monocorde.

In ambito lirico, in base alla caratteristica dell'altezza si distinguono le voci femminili di soprano, mezzosoprano, contralto, quelle maschili di tenore, baritono e basso, in ordine di tonalità decrescente. Questi criteri standard sono applicabili anche alle voci normali (non di cantanti, cioè). I primi alle voci femminili, i secondi a quelle maschili con tutte le sfumature e le variazioni esistenti.

L'impostazione della voce dipende non tanto dalla forza con cui il suono è emesso quanto dal preciso bilanciamento degli amplificatori vocali. Le casse di risonanza esercitano una notevole influenza sul timbro dei suoni. A seconda della prevalenza di un amplificatore sugli altri si distinguono vari registri di voce – testa, naso, gola, petto, diaframma - sintomo ciascuno di essi di stati d'animo o di atteggiamenti cementati nell'individuo.

Un attore sa bene che è sufficiente un timbro di voce a rendere un'emozione, a caratterizzare in maniera comica o drammatica un personaggio. L'espressività della voce e la modulazione naturale dei suoi registri sonori designano l'aspetto paraverbale della comunicazione, mentre risulta monocorde, quindi monotono, l'impiego costante di un unico timbro.

a) Timbro di testa: in questo caso è il cranio la cassa armonica dominante. La voce di testa è un'emissione dal registro sottile ottenuto utilizzando le sole vibrazioni della scatola cranica. La voce si alza di tono e specialmente nella concitazione della discussione chi possiede un timbro acuto finirà per diventare all'orecchio altrui sgradevolmente stridulo.

b) Timbro nasale: il velopendulo è l'organo responsabile dell'invio di determinate consonanti – n, m, il gruppo gn – verso le fosse nasali. Quando, per un banale raffreddore delle vie respiratorie, il velopendulo non s'innalza per chiudere il passaggio dell'aria/suono nel naso, tutte le consonanti dell'alfabeto finiscono per transitare attraverso di esso.

c) Timbro di gola: la faringe è un condotto membranoso a forma d'imbuto posto dietro il naso e la bocca. È un altro organo di amplificazione dei suoni e se risulta preponderante rispetto alle altre casse armoniche, il suono che ne scaturirà sarà eccessivamente "ingolato".

d) Timbro di petto: ecco il registro di voce "sano" per eccellenza che utilizza le vibrazioni del torace. Il suono che scaturisce dal perfetto bilanciamento di tutte le casse di risonanza del corpo è una voce che non conosce forzature ed è per nulla affaticante. Puoi usarla per ore senza stancarti.

e) Timbro di diaframma: anche questo è un timbro sano, utilizzabile per una voce portata e scaturente dal corretto uso del diaframma.

Per renderti conto se la tua voce è bene impostata, se tutte le casse armoniche sono bilanciate e non ci sia quindi prevalenza di un timbro rispetto all'altro, ti suggerisco un semplice esercizio. Porta con delicatezza i polpastrelli del pollice, dell'indice e del medio sul dorso del naso e pronuncia a bocca chiusa nasalizzando il fonema "*hmmh-hmmh*".

Dovresti percepire dal naso una vibrazione che non sentiresti se avessi, per esempio, un timbro di testa o di gola. Nel caso percepissi la vibrazione, continua l'esercizio alternando la nasalizzazione "hmmh-hmmh" all'emissione di parole come i mesi dell'anno o i giorni della settimana con questa sequenza:

hmmh gennaio hmmh febbraio hmmh marzo hmmh aprile
hmmh maggio hmmh giugno hmmh luglio.

SEGRETO: La voce che non esce forzata e che puoi utilizzare per ore senza stancarti è quella che usa il registro di petto, dove hai il bilanciamento di tutte le casse armoniche. In altre parole, è l'intero tuo corpo che diventa un'unica cassa di risonanza.

Appurato questo aspetto, e avendo l'obiettivo dichiarato di ottenere uno strumento vocale che dia dimostrazione di suoni pieni, chiari e sicuri, vediamo se la nostra voce ci soddisfa totalmente. Intanto è difficile trovare la perfezione assoluta in una voce, anche la più fonogenica. Ci sono troppe variabili che possono influenzare l'emissione di una voce.

Pensa ai diversi stati d'animo: hai fatto un bagno di endorfine e sprizzi felicità da ogni poro, la tua voce sarà argentina, squillante; se, all'opposto, ti senti depresso, triste, malinconico, la tua voce di conseguenza risulterà senza slanci, priva di mordente emotivo, di espressione. Anche lo stress, gli stati di tensione, alterano la pura emissione del suono. Gli ormoni hanno influenza sul timbro di voce: una carente produzione di testosterone da parte dell'organismo maschile avrà come conseguenza una voce bianca come quella dei "sopranisti" del passato.

Giunti a questo punto ci si può ragionevolmente domandare: quali sono i requisiti perché una voce possa definirsi "fonogenica", in altre parole buona, accettabile?

Qualunque sia la nostra professione, soprattutto se impieghiamo la comunicazione verbale per insegnare, spiegare, informare, difendere, arringare, convincere, intrattenere, divertire, affascinare, sedurre, dobbiamo poter contare su una voce **piena, chiara, sicura**, quindi né flebile né tremolante, né, tanto meno, acuta né stridula.

SEGRETO: Qualunque sia la nostra professione dobbiamo poter contare su una voce piena, chiara, sicura.

Impostare la propria voce significa riuscire ad ottenere la sonorità migliore senza particolari sforzi. Se abbiamo imparato bene a coordinare il binomio aria-suono e il colore della nostra voce è in prevalenza grave, a meno di non possedere difetti di articolazione, siamo già ad un passo dalla meta.

Se, all'opposto, crediamo di averne, esistono degli esercizi specifici di ortofonia che ci aiuteranno a superare quelle manchevolezze che caratterizzano in modo negativo la nostra voce. Lo vedremo più avanti, nel prosieguo di queste pagine.

SEGRETO: Impostare la propria voce significa riuscire ad ottenere la sonorità migliore senza particolari sforzi.

RIEPILOGO DEL CAPITOLO 1:

- SEGRETO n. 1. Respirare bene è fondamentale per esprimerti con quel meraviglioso strumento che è la voce.
- SEGRETO n. 2. Il ritmo di respirazione nei momenti di calma e tranquillità è quello più adatto in qualsiasi frangente della vita, qualunque sia la nostra professione.
- SEGRETO n. 3. Impara bene la sequenza respiratoria 6-3-12. Non solo re-imparerai a respirare con il diaframma, ma questa tecnica, utilizzata come esercizio di rilassamento prima di addormentarti, agevolerà il tuo sonno meglio di un sonnifero.
- SEGRETO n. 4. Per leggere come per parlare è indispensabile una respirazione calma, senza forzature, profonda fino al livello del diaframma.
- SEGRETO n. 5. Ricorda! il volume della tua voce dipende dal diaframma. Quanto più potente sarà la spinta del diaframma, tanto più potente risulterà la tua voce.
- SEGRETO n. 6. La voce che non esce forzata e che puoi utilizzare per ore senza stancarti è quella che usa il registro di petto, dove hai il bilanciamento di tutte le casse armoniche. In

altre parole, è il tuo corpo che diventa un'unica cassa di risonanza.

- SEGRETO n. 7. Qualunque sia la nostra professione dobbiamo poter contare su una voce piena, chiara, sicura.
- SEGRETO n. 8. Impostare la propria voce significa riuscire ad ottenere la sonorità migliore senza particolari sforzi.

2° GIORNO:
Accordare la voce ai suoni delle vocali

Per potere affermare con cognizione di causa di essere padroni di una lingua, non basta conoscere un discreto numero di vocaboli, bisogna sapere anche come questi vocaboli si scrivono (*ortofonia*), come suonano (*fonetica*), come si pronunciano (*ortoepia*), come si strutturano logicamente in una frase (*sintassi*). In una parola, è indispensabile conoscere la grammatica di quella lingua. Ciascun vocabolo è costituito da lettere che possono essere consonanti o vocali. L'alfabeto italiano è composto di ventuno lettere: quindici consonanti, una lettera muta (H) e cinque vocali.

In realtà i suoni delle consonanti sono molti di più (21) e quelli delle vocali sette. La C e la G, per esempio, possono avere un suono dolce come in *cibo* o in *gingillo*; un suono duro come in *colla* e *gonna* e via dicendo. Anche la S e la Z hanno un duplice suono: sordo come in *assassino* e in *pazzo* e sonoro come in *asola* e in *zona.* Lo scopriremo nel prossimo capitolo dedicato alle consonanti.

Per quanto concerne le vocali (A, E, I, O, U), intanto sono suoni puri poiché non trovano ostacoli negli organi della bocca. Il loro suono dipende dalla maggiore o minore chiusura orale. Quando pronunciamo la “A”, la bocca si apre facendo cadere in basso la mandibola, ne scaturisce un suono aperto. Se stiriamo le labbra in senso orizzontale socchiudendo la bocca, ne scaturirà il suono chiuso della “I”. Se invece atteggiamo le labbra leggermente protese in avanti come in un bacio analogico, ne verrà fuori il suono parimenti chiuso della “U”. Il problema si propone con la “E” e con la “O” che possono essere pronunciate in due modi differenti: aperto e chiuso.

I SUONI DELLE VOCALI

Definizione fonetica	Fonema	Grafia comune	Esempio	Trascrizione fonetica
Vocale anteriore aperta	a	a	ape	‘ape
Vocale anteriore semi aperta	ε	e	bene	‘bεne
Vocale anteriore semi chiusa	e	e	vero	‘vero
Vocale anteriore chiusa	i	i	timo	‘timo
Vocale posteriore semi aperta	⊃	o	molla	‘m□lla
Vocale posteriore semi chiusa	o	o	dono	‘dono
Vocale posteriore chiusa	u	u	ulna	‘ulna

Una delle maggiori difficoltà che incontriamo nella fonetica italiana, è capire quando la “E” e la “O” hanno un suono aperto o chiuso. L’accento che ha la peculiarità di farci intendere il suono corretto, è il cosiddetto *accento fonico*.

Il segno discendente obliquo da sinistra verso destra (`) indica il suono aperto (accento grave); il segno discendente obliquo da destra verso sinistra (´), il suono chiuso (accento acuto). Il problema nasce dal fatto che nella lingua italiana non è obbligatorio mettere sulla “E” e sulla “O” l’accento fonico, come avviene, per esempio, nella lingua francese, spagnola o portoghese.

In tedesco la situazione è ancora più agevole perché esiste un’unica regola ferrea, che non consente eccezioni: la “E” e la “O” seguite da una sola consonante (*Wéber – Jóseph*) sono sempre chiuse; le “E” e le “O” seguite da una doppia consonante (*Kèller – Vòlks*) sono sempre aperte.

L’*accento tonico* è determinato dall’appoggiatura della voce su una determinata vocale all’interno della parola.

Ad esempio: *elefànte*

Premesso che la sillaba è la più piccola unità fonetica in grado di essere articolata e percepita dall'orecchio, ogni vocabolo può essere suddiviso in sillabe:

te-le-sco-pi-co

Secondo la sillaba sulla quale cade l'accento tonico, in italiano le parole si classificano in:

tronche: l'accento tonico cade sull'ultima sillaba.

mercè, lacché, città

piane: l'accento tonico cade sulla penultima sillaba.

delfino, palàto, vapóre

sdrucciole: l'accento tonico cade sulla terzultima sillaba.

sàbato, scàpola, ventricolo

bisdrucciole: l'accento tonico cade sulla quartultima sillaba

elàborano, pràticano, stimolano

trisdrucciole: l'accento tonico cade sulla quintultima sillaba.

elàboramelo, pràticamelo, stìmolamelo.

Imparare con precisione quando una "E" o una "O" toniche hanno un accento fonico aperto o chiuso è in pratica impossibile. Esistono alcune regole di base, ma hanno le loro brave eccezioni. Di conseguenza, fintanto che per decreto ministeriale non sarà stabilito l'obbligo di mettere su qualsivoglia testo scritto gli accenti sulle "E" e sulle "O", la confusione regnerà sovrana. Le regole ci sono, e non sono neppure molte, basterà usare un po' di pazienza e impararle. Ti salveranno in futuro da non poche figure barbine. Tuttavia, qualche parola di spiegazione è necessaria.

SEGRETO: C'è un solo segreto per la fonetica: ogni volta che hai un dubbio sull'apertura o chiusura di una "E" o di una "O", controlla la corretta pronuncia su un dizionario fonetico.

Le ragioni per le quali, sia per l'ortografia sia per la fonetica, la "E" e la "O" possono avere pronunce diverse dobbiamo imputarle al latino.

Nelle parole italiane d'origine popolare, ereditate dal latino per tradizione orale, la **È** tonica aperta (dittongata in **ie** in finale di sillaba) deriva dalla **ĕ** breve accentata o dal dittongo **āe** del latino classico.

ièri dal latino hĕri

prèsto da prāesto

Sempre nelle parole che derivano dal latino parlato, la **É** tonica chiusa corrisponde di regola alla **ē** lunga accentata o alla **ĭ** breve.

ménte dal latino mēnte(m)

pégno da pĭgnu(m)

La **Ò** tonica aperta (dittongata in **uo** in finale di sillaba) deriva di regola dalla **ŏ** breve accentata, che già possedeva il suono aperto, e dal dittongo **āu** del latino classico.

fuòco dal latino fŏcus

lòde da lāudu(m)

Sempre nelle parole che derivano dal latino popolare, la **Ó** tonica chiusa corrisponde di regola alla **ō** lunga o alla **ŭ** breve del latino classico.

pónte dal latino pōnte(m)

córte da cŭrte(m)

Queste sono le regole di base, ma se pensi che una volta imparate sei al riparo da eventuali errori fonetici, t'illudi. Ecco una serie di vocaboli che pur derivando dal latino contraddicono sfacciatamente le norme appena accennate.

Chiérico, crèdo (nel senso di atto di fede), *clèro, mènsa, pènsile, auròra, cònsole, glòssa, negòzio, còppa, dòge.*

N. B.: chi volesse divertirsi a scoprire nelle parole italiane l'eventuale derivazione etimologica dal latino, si rammenti questa semplice regola di metrica latina. Quando la penultima è breve (es. *legĕre, da lego*), l'accento tonico cade sempre sulla terzultima (es. *lègere*). Quando la penultima è lunga (es. *timēre, da timeo*), la parola è piana (es. *timère*).

La lettera **E** ha il suono **aperto** (`) nei seguenti casi

nel dittongo ie:

fièra, granatière, divièto, chièsa, mièle

fanno eccezione: *chiérico e chiérica* e i diminutivi:

macchiétta, magliétta, vecchiétto, bigliétto

quando precede un'altra vocale:

assemblèa, marèa, Vandèa

nelle parole che finiscono in consonante:

fèz, nègus, rèbus

nelle parole d'origine straniera:

gilè, caffè, purè, tè

nel condizionale (prima, terza pers sing, terza pl):

vorrèi, sarèi, salirèi, sarèbbe, vorrèbbe, cadrèbbero

nelle desinenze in -ebile:

flèbile, indelèbile

nelle desinenze in -ecola, -ecolo:

molècola, spècola, trasècolo

nelle desinenze in –edine:

acrèdine, pinguèdine

nelle desinenze in -ello:

pennèllo, settebèllo, brunèllo

nelle desinenze del gerundio:

discutèndo, proponèndo, risalèndo

nelle desinenze in -ema, -eme:

apotèma, insième

nelle desinenze in -enne:

ventènne, settantènne

nelle desinenze in -ense:

equènse, parmènse, melènse

nelle desinenze del participio presente:

reagènte, vigènte

nelle desinenze in -enza:

carènza, apparènza, supponènza

nelle desinenze in -errimo:

aspèrrimo, celebèrrimo

nelle desinenze in -esi:

catechèsi, mimèsi

fanno eccezione gli aggettivi derivanti da nome di città:

milanési, ferrarési, catanési, ma anche: *rési, pési, mési*

nelle desinenze in -esimo:

centèsimo, sedicèsimo, ennèsimo

fanno eccezione: *incantésimo, feudalésimo, cristianésimo*

nelle desinenze in -estre:

pedèstre, rupèstre, terrèstre

nelle desidenze del passato remoto in -etti, -ette, -ettero:

sedètti, sedètte, sedèttero

nelle desinenze in –eutica:

farmacèutica, propedèutica

nelle desinenze in –evolo:

benèvolo, malèvolo

nelle desinenze in -ezio, -zia:

facèzia, scrèzio

in una serie di parole isolate come:

accènto, bène, cèrto, divènto, ècco, fèsta, gèsto, lètto, mèdia, nutèlla, opprèsso, prèsto, rèsto, sèmpre, tèsta, vènto e altre.

N. B.: per taluni vocaboli è ammissibile una doppia pronuncia. Per esempio la parola “lettera” può essere pronunciata con la “E” chiusa (léttera) come fanno i romani che la fanno derivare giustamente dal latino “lĭtteram”, ma può essere pronunciata anche con la “E” aperta (lèttera) come, invece, fanno i fiorentini e i toscani in genere che l’associano per *analogia* a lèggere.

ESERCIZIO

Metti gli accenti corretti e leggi ad alta voce le seguenti frasi:

A tutti può capitare dopo una partita a tennis di essere una volta vincente e un’altra perdente.
Il mese scorso Agnese dette una festa per un conoscente cinese.
Festeggiava il suo quarantatreesimo compleanno.
La molecola è una particella infinitesima della materia.
Andresti in tinello a prendermi quel vinello acquistato a Fiesole?
Il carabiniere raggiunse con urgenza il posto di blocco.
Con un gesto malevolo Elisabetta mi precedette oltre l’ingresso.
Il chierico si diede da fare ad accendere tutte le candele della chiesa.

Sarebbe meglio dissuadere Daniela dall'ingozzarsi di bigne.

Nonostante l'accentuata pinguedine riuscì ad intrufolarsi attraverso lo stretto pertugio.

La suburra era il quartiere popolare dell'antica Roma.

La cassetta di pere mezze costa meno di quella di mele acerbe.

Il monumento equestre di Alceste s'innalza al centro del parco.

Andrei volentieri a piedi senza prendere l'autobus.

Il graffito rupestre mostrava il disegno di un cervo.

E' grottesco quel teschio con il cappello verde sulla testa.

La balena virò improvvisamente e scomparve tra le onde.

Fumare troppe sigarette ti fa diventare uno scheletro.

Offrimi una bella fetta di quella torta di mele.

Non vorrai mangiartela da solo e tutta intera?

Vincenzo l'iserniense vorrebbe persuaderti ad indossare la maglietta.

Il biglietto d'invito era scritto con inchiostro verde.

Temo d'ingrassare perciò ho deciso d'osservare una drastica dieta per smaltire la mia pinguedine.

La lettera **E** ha il suono **chiuso** (´) nei seguenti casi:

nelle desinenze in -eccio:

casaréccio, goderéccio, libéccio

nelle desinenze in -efice:

artéfice, oréfice, pontéfice

nelle desinenze in -eggio:

alpéggio, campéggio, sortéggio.

fanno eccezione: *pèggio, sèggio*

nel passato remoto:

credémmo, godéi, vedémmo

nel futuro:

crederémo, vedrémo, crederéte, sapréte

nelle desinenze in -mente:

dolceménte, realménte

nelle desinenze in -mento:

basaménto, bastiménto, moménto

nell'infinito dei verbi della II coniugazione:

cadére, dovére, potére, sapére, temére, vedére

nelle desinenze in -esco:

arabésco, pazzésco, tedésco

nelle desinenze in -ese:

albanése, cretése, mése, paése

nel congiuntivo imperfetto:

credésse, facésse, mettéssero

nel condizionale (seconda pers sing, prima e seconda pers pl):

crederésti, crederémmo, crederéste

nel presente indicativo:

prendéte, vedéte, voléte

nelle desinenze in -esa:

attésa, contésa, sorprésa

nelle desinenze in -essa:

leonéssa, principéssa

nelle desinenze in -eto:

agruméto, minaréto, segréto

fanno eccezione:

alfabèto, cèto, complèto, concrèto, vèto

nelle desinenze in -etto:

nerétto, pezzétto, terzétto

nell'imperfetto indicativo:

avévo, credévo, sapévo

nelle desinenze in -evole:

disonorévole, biasimévole

nelle desinenze in -ezza:

*fermézza, bellézza*fa eccezione: *pèzza*

in una serie di parole isolate come:

allégro, appéna, bévo, béttola, cénere, césto, dégno, débito, égli, éssa, félpa, férmo, invéce, léga, légge, méno, ménte, né, négo, néro, orécchio, préso, perché, réso, ségno, séra, tré, trénta, véro, vérde e altre.

ESERCIZIO

Metti gli accenti corretti e leggi ad alta voce le seguenti frasi:

La vecchietta con la veletta balbetta nel chiedere il biglietto.

L'arcivescovo prese a noleggio una bicicletta per arrivare in paese.

Maddalena indossa una felpa dai teneri colori.

La bruschetta si fa con il pane casareccio.

Le nespole sono finite, prendimi una cassetta di pesche.

Alle tredici e trenta il bidello suona la campanella.

Il gioiello dell'orefice era un vero capolavoro d'oreficeria.

Il muezzin canta lodi ad Allah dall'alto del minareto.

La baronessa non disdegnava di recarsi in visita presso famiglie indigenti.

La vendetta è una pietanza che si gusta fredda.

I venti guerrieri presero d'assalto il bastimento.

Il testamento della contessa scatenò una contesa fra gli eredi.

Temo che Daniele non vorrà estinguere il suo debito.

La Nera è un affluente del Tevere e le sue acque correnti formano la cascata delle Marmore.

Sapevo che non avresti letto i decreti legge dell'onorevole.

Fregio e sfregio si leggono con la e chiusa.

I belligeranti non rispettarono la tregua e se le dettero di santa ragione.

La cenere del vulcano ricoprì il terreno soffocando le tenere pianticelle appena germogliate.

Tra Reggio e Cosenza c'è un castello del medioevo d'origine angioina.

La catapecchia di Stefano si trova nel macchione di lecci.

Il fianco della montagna è ricoperto di abeti secolari.

Le greggi pascolano sugli alpeggi del maso.

Francesco e Oreste prendono insieme il treno che collega Viareggio a Firenze.

La bottega degli alimentari di Elisabetta vende la migliore mortadella della zona.

Le tegole del tetto sono sconnesse e minacciano di cadere.

Gli steli d'erba si agitano alla brezza della sera.

E' bello andare in altalena e volare in alto verso il cielo.

Per tre volte tesi la mano verso il fiore di loto e per tre volte i petali si richiusero.

La lettera **O** ha il suono **aperto** (ò) nei seguenti casi

nel dittongo uo:

cuòco, fuòri, nuòra, ruòta, suòra, tuorlo

ma non: *delittuóso, languóre, liquóre*

nelle parole che finiscono per consonante:

biberòn, Còlt, pòker, stòp

nella terza persona singolare del passato remoto:

annaspò, lanciò, marinò, passeggiò, urlò, sognò, valutò

nella prima persona singolare del futuro:

lancerò, passeggerò, caricherò, verrò, negherò, ammetterò

nelle desinenze in -oca:

fòca, ròca, tapiòca

nelle desinenze in -occa:

baròcca, bicòcca, ròcca

ma non: *bócca*

nelle desinenze -occia e -occio:

ròccia, saccòccia, biròccio

ma non: *dóccia, góccio*

nelle desinenze in -odo:

annòdo, gòdo, sòdo, mòdo

ma non: *corródo*

nelle desinenze in -oglio:

capodòglio, imbròglio, sòglio, vòglio

ma non: *germóglio, orgóglio, rigóglio*

nelle desinenze in -oide:

antropòide, pazzòide, umanoide

nei nomi propri:

Astòlfo, Alfònso, Leopòldo, Rodòlfo

nelle desinenze in –ola e -olo:

paròla, spòla, mariòlo, tritòlo

ma non: *góla, vóla, assólo, cólo*

nei termini medici:

necròsi, scleròsi, flogòsi, artrosi

nelle desinenze in -ottola e -ottolo:

nòttola, ciottolo

nelle desinenze in -ozza e -ozzo:

còzza, carròzza, tinòzza, còzzo, maritòzzo, tòzzo

ma non: *pózza, rózza, sózza, gózzo, mózzo, pózzo, singhiózzo*

in una serie di parole isolate come:

Còmo, còrpo, còsa, fòrza, gròsso, impòrto, mòdo, nòve, òggi, òpera, pòvero, scòrgere, sòlito, tògliere, tròppo, vòglio, vòlgere, vòlta e altre.

ESERCIZIO

Metti gli accenti corretti e leggi ad alta voce le seguenti frasi:

Dal baraccone saltò fuori un orco dalla pelle verde e dal pancione tondo come una botte.

La scrofa invase il campo di carciofi e il padrone del podere le aizzò contro il proprio cane.

L'orso strusciò la pelliccia contro la scorza del tronco per grattarsi il dorso.

Cosca è detto il fascio di petali che circonda il carciofo.

Il topo sgusciò nel chiosco deserto. Scovò la botola e si precipitò dentro.

Il rogo divorò la macchia e del bosco non restò nemmeno un nocciolo di albicocca.

Prese l'ampolla dell'aceto e ne versò un goccio sull'insalata di germogli di soia.

Il cuoco osservò soddisfatto la teglia con il pollo alla diavola con il contorno di cipollotti in umido.

La rosa è un fiore dai soffici petali che non cresce sui ripiani rocciosi.

Dopo la scossa di terremoto le colonne crollarono trascinandosi dietro l'intero palazzotto.

Batté il cranio contro la volta di roccia e subito si ritrovò con un bernoccolo giallognolo.

Il nano con la gobba s'intrufolò nel foro per calarsi nella cantina dei liquori.

Il camoscio d'oro non è un ungulato, è un morbido formaggio.

Leopoldo cercò d'imitare l'usignolo ma stonò tanto che l'uccello prese il volo.

Rodere il legno è tipico della lontra più che del picchio.

La fidanzata era una cozza, ma la portò lo stesso a pranzo a mangiare vongole e telline.

Uccelli di Rovo è uno dei romanzi del Novecento che più emozionò la giovane signora.

S'ignora il movente che ha condotto Alfonso all'omicidio.

La bolla d'aria esplose con gran fragore.

Mai sottomettersi al giogo degli sfruttatori, ti ritrovi come un'oliva nel frantoio.

Alla foce del fiume, quel tratto di mare era assai pescoso.

La modulazione di voce dà espressione ai toni vocali.

I volti etruschi scolpiti sui sarcofagi non sono diversi dalle facce dei toscani di oggi.

Il viottolo che collega il faro al porto è sassoso e polveroso.

La lettera **O** ha il suono **chiuso** (ó) nei seguenti casi

nelle desinenze in -oce:

feróce, nóce, velóce, fóce

nelle desinenze in -ogna, -ogno:

cicógna, vergógna, bisógna, sógno, scalógno

nelle desinenze in -ognolo:

amarógnolo, giallógnolo

nelle desinenze in -oio, -oia:

accappatóio, spogliatóio, frantóio, rasóio

ma non: *annòio, nòia, salamòia, sòia*

nelle desinenze in -olco:

bifólco, sólco

nelle desinenze in -ollo, a:

francobóllo, rampóllo, cipólla, satólla

ma non in: *Apòllo, contròllo, atòllo, torcicollo*

nelle desinenze in -olso:

bólso, pólso

nelle desinenze in -onda, -ondo:

bómba, secóndo, tóndo

nelle desinenze in -one:

bullóne, gestióne, istrióne, missióne

e in -ono:

dóno, perdóno, selezióno

ma non in: *nòno, pròno, patrono*

nelle desinenze in -onte:

mónte, Carónte, fónte

nelle desinenze in -ore:

amóre, baglióre, timóre, rettóre

nelle desinenze in -orgo:

ingórgo, insórgo, sobbórgo

nelle desinenze in -orme:

diffórme, enórme, fórme

ma non: *abnòrme, dòrme, nòrme*

nelle desinenze in -orso, -a:

concórso, sórso, córsa, bórsa

ma non in: *còrso (della Corsica), mòrso, mòrsa*

nelle desinenze in -oso, -osa. -osi:

lanóso, noióso, setóso

fanno eccezione i termini medici: *apoptòsi, necròsi, stenosi*

in una serie di parole isolate come:

allóra, ancóra, bócca, cóvo, colóro, costóro, cóme, dólce, dópo, dótto, dóve, fórse, fóro, gióvane, góla, incóntro, intórno, lavóro, lóro, móglie, mólto, midólla, nascósto, nipóte, nói, ógni, ómbra, pólpa, pósto, prónto, quattórdici, ricóvero, rispósta, Róma, róvo, rótto, signóra, sólo, sóle, sónno, sópra, sótto, vóngola.

ESERCIZIO

Metti gli accenti corretti e leggi ad alta voce le seguenti frasi:

L'accappatoio giallognolo pendeva sulla stuoia viola accanto al poster ocra.

Il corso pieno d'orgoglio dette un morso alla scorza dell'arancia e ne divorò con foga la polpa.

Basta il soffio di una brezza primaverile perché dopo l'acquata inizi il disgelo.

Il folle sul ciglio dello strapiombo improvvisò i versi di una canzone cantando a gola piena.

Quando si dorme si sogna ogni novanta minuti.

L'ingorgo d'auto paralizzò le vie del centro e per uscire dall'imbottigliamento Leopoldo fu costretto a dirigersi verso il sobborgo.

Quattordici bolle d'aria esplosero una dopo l'altra con il fragore di una bomba.

Il cane fiutò la preda e senza tema s'intrufolò nel ricovero nascosto sotto la forra e catturò la volpe.

Se vivi senza norme finirai per subirne le conseguenze.

La risposta lo lasciò senza parole: non poteva credere che la situazione fosse degenerata a tal punto da sentirsi rabbrividire fin nelle midolla.

Al matrimonio della figlia della signora Vera ci fu la partecipazione di ben quattordici damigelle e di ben trenta avieri in alta uniforme.

Il gomito destro subì l'escoriazione che in seguito divenne un bel livido verdognolo.

La dimora del pretonzolo fu presa d'assalto da una masnada di facinorosi e il povero chierico ne uscì con un bel bitorzolo sul cranio.

Dopo aver mangiato del pollo arrosto con le cipolline in agrodolce urtai con il gomito l'ampolla dell'aceto rovesciandola.

Per difendermi dall'estate afosa raddoppio il numero delle docce giorno per giorno.

Io, invece, mi difendo stando a mollo nella vasca da bagno e in questo modo sopporto meglio la calura d'agosto.

Provai un brivido lungo il dorso quando intuii qual era il volto celato dietro la maschera azzurrognola.

Sentiva un tale senso di languore nello stomaco che dovette mangiare il biscotto intinto nel liquore.

Basta una pagnotta con la frittata di cipolle per sentirti satollo.

Il dormitorio del castello fu sconvolto da uno stridore di catene e da un grido tanto lacerante che tutti si ridestarono dal sonno con la pelle d'oca.

N. B.: se hai difficoltà nel pronunciare le "E" e le "O" aperte e chiuse, ti suggerisco questo semplice esercizio: se spalanchi la bocca e spingi in avanti la lingua, inarcandola, il suono che ne scaturirà non potrà essere che aperto. Prova a ripetere in questo modo chiaramente esagerato sia la vocale "è" che "ò". Se, invece, socchiudi la bocca e porti indietro il più possibile la radice della lingua (la radice per la ó, la parte centrale per la é) il suono che ne scaturirà sarà sicuramente chiuso.

RIEPILOGO DEL CAPITOLO 2:

- SEGRETO n. 1. C'è un solo segreto per la fonetica: ogni volta che hai un dubbio sull'apertura o chiusura di una E o di una O, controlla la corretta pronuncia su un dizionario fonetico. (Ti consiglio il Dizionario di ortografia e pronuncia, edito da Rai-Eri, nella sua nuova edizione riveduta e corretta, multimediale e multilingue).

3° GIORNO:
Imparare la fonetica delle consonanti

Quasi tutte le consonanti del nostro alfabeto corrono il rischio di essere pronunciate malamente per difetti imputabili all'uso del dialetto - per esempio nel romanesco (*sono nato e vissuto a Roma, quindi posso prendermi bellamente in giro*) la doppia R viene detta come fosse singola (*tera e guera con due ere*) e la B singola viene raddoppiata (*terribile - teribbile*), la C viene strascicata (*braciola – brasciola*), la S si trasforma in Z (*borsa – borza*), la SC viene pronunciata come se fosse una semplice C (*strusciata – struciata),* il GL scompare (*luglio – lujo*) e via discorrendo, ma ogni dialetto ha i suoi difetti.

La pronuncia errata di determinate consonanti può derivare anche da vere e proprie dislalie che, se si vogliono correggere, è necessario ricorrere al foniatra o al logopedista (medico specializzato nei metodi correttivi o riabilitativi del linguaggio).

PER CORREGGERE LA "S" DIFETTOSA

"S" difettosa è quella di Gatto Silvestro che parla con la zeppola in bocca, difetto che si chiama *sigmatismo*.

La "S" è definita consonante *fricativa dentale,* nel senso che la sua articolazione avviene per strofinamento della punta della lingua contro i denti inferiori. Perché sia pronunciata correttamente è necessario:

- dirigere la punta della lingua contro i denti inferiori fino a sfiorare la gengiva sottostante;
- stirare le labbra come per pronunciare una "I";
- emettere il soffio della "S" e verificarlo sul dorso della mano: l'impostazione è corretta se il soffio uscirà dal centro e non dagli angoli della bocca.

ESERCIZI

- Falsa "S": impostare i tre punti precedenti come se si volesse articolare la "S" senza però arrivare a pronunciarla.
- Emettere il soffio della falsa "S" facendola seguire da una vocale: a - è - é - ò - ó - i - u.

- Pronunciare una leggera “S” al termine del soffio legandola alle vocali.

- Provare ad articolare la “S”, verificando il soffio sul dorso della mano e finendo con le sette vocali.

- Pronunciare la “S” delle seguenti parole:

Sabato – Sordo – Sereno – Sibilo – Sempre – Sodo – Solo – inSieme – aSSai – aSSorto – Sellino – Sicuro – Suono – riaSSunto – Sigla - anSia – Sudore – baSta – Stadio – ScarSo – borSa – iSpido – Statua – Strano – Stupore – Scucito – SoStituiSco – Santo – uStione – Stimolo – Sole – Solitario – riSalgo – conSeguo – inSegnante – Sordido – SaSSari – conSeguo – coStituente – riSorto – Salame – perSona – perSonalità –arSenale – riSoluzione – arSenico – arSo – intranSigente – orSoline – baStione – raSato – rinSavito.

- Esercitarsi con lo scioglilingua:

Sa chi sa se sa chi sa
Che se sa non sa se sa
Sol chi sa che nulla sa

Ne sa più di chi ne sa.

PER CORREGGERE LA "R" DIFETTOSA

La "R" è definita una consonante *dentata vibrante*. La sua articolazione avviene allorché la punta della lingua entra in vibrazione in vicinanza degli alveoli dei denti superiori.

N. B.: i problemi della "R" dipendono dal fatto che la vibrazione non avviene sulla punta della lingua ma alla radice, producendo il caratteristico suono della *erre francese*. Non solo, a volte la vibrazione non avviene per niente e la "r" è sostituita da un'altra lettera, per esempio la "L": *tle tigli contlo tre tigli (si tratta di felini, non di alberi)*. Purtroppo, è bene sapere, che non sempre i problemi di pronuncia della "r" sono risolvibili, neppure a livello logoterapico.

ESERCIZI

- Schioccare la lingua e imitare il galoppo del cavallo (ripetere venti volte).

- Schioccare la punta della lingua contro gli incisivi superiori, come per chiamare il gatto di casa (venti volte).

- Con una mano mantenere la mandibola inferiore abbassata e ferma e nel contempo spingere la punta della lingua contro il centro del palato (20 volte).

- Far scorrere la punta della lingua sull'intero arco dentario facendo un giro completo della bocca, prima in senso orario, poi antiorario (10 + 10 volte).

- Pronunciare in modo distinto e con forza le sillabe per una trentina di volte:

TI-TI-TI-TI-DI-DI-DI-DI

N. B. Quest'esercizio e anche il successivo, praticati con costanza danno alla punta della lingua un'elasticità che favorisce la vibrazione della "r".

Infine questo è il classico scioglilingua per la "R".

Tre tigri contro tre tigri
Tre tigri contro tre tigri
Tre tigri contro tre tigri.

I SUONI DELLE CONSONANTI

Definizione fonetica	Fonema	Grafia comune	Esempio	Trascrizione fonetica
Semiconsonante palatale	j	j	ieri	‘jεri
Semiconsonante velare	w	w	quota	‘kwɔta
Occlusiva bilabiale esplosiva	p	p	padre	‘padre
Occlusiva bilabiale esplosiva	b	b	bosco	‘bɔsko
Nasale bilabiale	m	m	mela	‘mela
Occlusiva dentale esplosiva	t	t	tappo	‘tappo
Occlusiva dentale esplosiva	d	d	donna	‘dɔnna
Nasale dentale	n	n	nave	‘nave
Nasale palatale	ɲ	gn	gnocchi	‘nɲkki
Occlusiva velare esplosiva	k{	c +a,o,u ch + e,i q+ua, ue, ui, uo	cane chiesa quanto	‘kane ‘kiεza ‘kwanto
Occlusiva velare esplosiva	g{	g +a,o,u gh + e,i	gatto ghepardo	‘gatto ge’pardo
Affricata dentale sorda	ts	z	zappa	‘tsappa
Affricata dentale sonora	dz	z	zaino	'dzaino
Affricata palatale	ʧ{	c +e,i ci +s,o,u	cera ciao	‘ʧera ‘ʧao
Affricata palatale	ʤ	g + e,i gi +a,o,u	gelso giada	‘ʤεlso ‘ʤada
Fricativa labiodentale	f	f	filo	‘filo
Fricativa labiodentale	v	v	vena	‘vena
Fricativa dentale sorda	s	s	selva	‘selva
Fricativa dentale sonora	z	s	sberla	‘zbεrla

Fricativa palatale	ʃ{	sc + e,i sci + a,o,u	scettro sciopero	‘ʃɛttro ‘ʃɔpero
Dentale vibrante	r	r	rame	‘rame
Dentale laterale	l	l	lama	‘lama
Palatale laterale	ʎ{	gl + i gli + a,e,o,u	gli, tigli scaglia	‘ʎi, ‘tiʎʎi ‘skaʎʎa

LA “S” SORDA E LA “S” SONORA

In tutte le regioni d’Italia regna una gran confusione sulla pronuncia della S sorda e sonora. Non è male in questo caso rinfrescare le regole fonetiche che stabiliscono la giusta pronuncia di questa consonante tanto bistrattata.

Casi nei quali la “S” è sempre **sorda**

quando è in inizio di parola, seguita da vocale:

sandalo, salto, sereno, sole, solenne, supremo, siriano

quando è preceduta da una consonante:

arso, abside, falso, carsico, arsenico, alsaziano, ospite

quando è seguita da C-F-P-Q-T:

ascolto, asfalto, aspide, squadra, stelo, artista, astenia

quando è doppia all’interno della parola:

Sassari, basso, assassino, assente, ressa, passione

quando è in fine di parola:

bis, lapsus, lapis, rebus.

Casi nei quali la “**S**” è **sonora**

quando è seguita da B-D-G-L-M-N-R-V:

ſbadato, ſdegno, ſgorbio, ſlancio, ſmania, ſnello,

ſragionare, ſvelare

quando si trova tra due vocali:

aſia, abuſo, biſogno, caſo, deſolato, fraſe, proſa

ma non in:

casa, cosa, così, asino, attesa, desiderio, difesa, disegno, gelosia, mese, naso, Pisa, pretesa, riso, mimosa, risultato, sorriso, ecc.

Colgo già il tuo brontolio di protesta: “Ma è un suono orribile. Non dirò mai: *mimósa, nuvolóso, smanióso*”. Mettiti il cuore in pace. Nessuno sarà tanto intransigente da pretenderlo. Un toscano non rinuncerebbe mai alla sua "S" sorda, ma non c'è attore o doppiatore, oggi, che non sacrificherebbe volentieri le eccezioni alla regola della S sonora per amore della musicalità della lingua.

N.B. In parole come *di-segno, dino-sauro, pre-sentimento, conseguire, in-seguire, in-segnare, in-sospettabile, ri-salire* e via dicendo, la S è sempre sorda.

LA "Z" SORDA E LA "Z" SONORA

Se consideriamo la "S" maltrattata in molte regioni italiane, dovremmo ammettere anche che la "Z" non lo è di meno. Pensiamo alla z di "stazione, situazione" pronunciata in molte zone del Sud come fosse sonora, *"staʒione, situaʒione"* per avere un brivido altrettanto lancinante di quello di un gesso che sfrigola su una lavagna. Ad ogni modo queste sono le regole:

Casi nei quali la "**Z**" è sorda (**z**)

nelle terminazioni con doppia zeta:

*attre**zzo**, cozza, mazzo, pozza, terrazza, razzista, schiamazzo*

ma non: *me**ʒʒ**o, bi**ʒʒ**arro, ra**ʒʒ**o*

quando precede una "i" seguita da un'altra vocale:

reazione, zia, infrazione, pigrizia, pazienza, situazione

in principio di parola

quando la sillaba successiva inizia con C-F-P-T:

zitto, zappa, zampa, zucchero

ma non: ʒ*efiro*, ʒ*uppa*, ʒ*ero*, ʒ*affiro.*

Casi nei quali la "**Z**" è **sonora (ʒ)**

in principio di parola

quando la sillaba che segue inizia con B-D-G-L-M-N-R-V-Z:

ʒ*abaione*, ʒ*odiaco*, ʒ*otico*, ʒ*ulù*, ʒ*ona*, ʒ*ara*

quando precede due vocali, la prima delle quali non sia la "i":

ʒ*aino*, ʒ*uavo*, ʒ*oologia*, ʒ*eus*

in alcune terminazioni di verbi:

*ammorti*ʒʒ*are, batte*ʒʒ*are, anali*ʒʒ*are*

ma non: *abbozzare, spezzare, strizzare*

in alcuni vocaboli isolati come:

aguʒʒino, amaʒʒone, aʒalea, aʒʒurro, aʒʒardo, biʒantino, breʒʒa, doʒʒina, friʒʒante, laʒʒaretto, magaʒʒino, parabreʒʒa, sgabuʒʒino e altre.

SEGRETO: Se incontrando una "S" o una "Z", ti vengono dubbi su come pronunciarla, non rinunciare a controllare il dizionario. Soltanto in questo modo, sarai sicuro la volta successiva di ricordartene.

I GRUPPI CONSONANTICI GL E SC

Apparentemente con i gruppi consonantici “**GL**” e “**SC**” non dovrebbero esserci problemi di pronuncia, ma non sempre è così. In alcuni dialetti (ad es. il romanesco) il “**GL**” è come se non esistesse. Figlio si pronuncerà *fijo*, moglie, *moje*, paglia, *paja,* ecc. Un veneto tenderà invece ad eliminare la “G” e dirà: *filio, molie, palia.* Il siciliano invece toglierà la “L” e aggiungerà una “H”; per questo pronuncerà: *fighio, moghie, paghia.*

Di norma il gruppo “**GL**” può essere pronunciato in due maniere distinte. Se è seguito dalla “i” ha un solo suono (ʎ): *miʎʎo, tiʎʎo, foʎʎa, sbaʎʎo, coniʎʎio, maʎʎo, faʎʎa, miʎʎore, voʎʎa, soʎʎola, raʎʎo, ecc.*

Fanno eccezione: *anglicano, glicine, negligente.*

N. B. Se non sai pronunciare correttamente il “GL”, puoi provare a leggerlo, facendolo precedere da una “L”. Per esempio, leggerai “mil-glio”, “scal-glia”, “mel-glio” e via dicendo. In questo modo la parte centrale della lingua è obbligata ad andare prima in alto e poi a distendersi lungo il palato verso l’arcata dentaria superiore. E’ esattamente il doppio movimento necessario per pronunciare in modo corretto il gruppo

consonantico "GL". E' ovvio che una volta imparato il movimento dovrai abituarti a pronunciare il "GL" senza farlo precedere dalla "L".
Se il "**GL**" è seguito dalla "a, e, o, u" la "**G**" e la "**L**" si pronunciano come se fossero separate: *glabro, globo, gleba, glume, glucosio*.

Anche il gruppo consonantico "**SC**" si pronuncia in due modi diversi.

Se la "**SC**" è seguita dalla "i" o dalla "e" il suono è unico (š): *šame, šivolo, šiolto, šupio, šipito, šopero, šettro.*

Il suono è duplice se la "**SC**" è seguita dalla "a, o, u": *scala, scaltro, scoperto, scorta, scuola, scuoiare.*

Attenzione a come pronunci parole come *scentrato, scervellato, scellophanato.* La pronuncia è esattamente uguale a come pronunceresti l'aggettivo *scellerato (šellerato),* quindi non s-centrato o s-cervellato o s-cellophanato, ma *šentrato, šervellato, šellophanato*.

N. B. Gli esercizi che seguono, sulla B e sulla C, devono essere eseguiti con una matita tra i denti o, in mancanza, a denti serrati, cercando di scandire parola per parola con la maggiore chiarezza possibile.

ESERCITAZIONE CON LA “B”

Il problema degli abili collaboratori immobiliari è distribuire subito le rubriche.

La concubina insaziabile rubò l’abito al subacqueo sensibile di nome Roberto Rabagliati.

Il debito è in crescita e con il contributo d’anzianità non è possibile approvvigionarsi del tabacco di contrabbando.

Roberto il primo sabato d’ottobre acquistò quattordici bustine di rabarbaro solubile.

L’abate dell’abbazia è assai disponibile, distribuisce a chi ne vuole automobili e rubini rubati.

L’abside del tempio presbiteriano è pericolante, è possibile, anzi probabile, che se non si corre subito ai ripari possa crollare.

ESERCITAZIONE CON LA "C"

Lucia va dal macellaio in Via Calcioli tredici, vicino Via della Pace diciotto. Voglio 300 grammi di noce e 500 di braciole da cuocere alla brace, dice Lucia con voce veloce.

Per 12, 13, 14, 15 persone sono sufficienti 16 braciole, dice Luciano con voce atroce. Ieri le feci cucinare a Cecilia, la mia vicina. È stato un macello. Le ha tutte bruciacchiate sulla brace. Io invece le cucino speciali.

Lucio e Decio hanno un micio. Tra 10, 11, 12, 13, 14 mesi diverrà un micione feroce. Invece di cuocere i ceci, Vinicio fece cucinare i cetrioli alla siciliana.

La ricetta risultò più efficace e più veloce di quella di Confucio che faceva la ciambella con l'anice e con l'alice che piace tanto a Lucio. Decio invece preferisce quelle con il cacio alla ciociara.

L'orcio nel quale cuocemmo i carciofi invece di farli alla brace, si sbriciolò. Cecilia li fece marcire invece di cucinarli bruciati.

Licia, la contadina con le cioce, ciurlò nel manico, ma Lucio, il sacerdote, non si fece pregare. Pur con le suole scucite scovò in cucina il pulcino e lo salvò dal macello.

RADDOPPIAMENTO FONOSINTATTICO

Arriviamo al poco noto *raddoppiamento sintattico*. Alza la mano se ne hai sentito parlare. Il fatto è che solo i toscani lo utilizzano correttamente. I romani e i meridionali in genere lo impiegano in maniera sbagliata, i settentrionali non sanno neppure cos'è. Il bello è che il raddoppiamento esiste non solo nella lingua parlata, ma anche in quella scritta.

Ti faccio un esempio: il vocabolo *cosiddetto* è la risultante di due parole congiunte, *così* e *detto*, che hanno come risultato il rafforzamento della consonante della parola successiva. Lo stesso discorso vale per altre parole come: *frattanto* (*fra* e *tanto*), *daccapo* (*da* e *capo*), *laddove (là* e *dove), lassù (là* e *su), laggiù (là e giù), sopralluogo (sopra e luogo), soprattutto (sopra e tutto).*

Nella lingua parlata commettiamo spesso l'errore di pronunciare semplici le iniziali consonantiche di alcune parole, mentre andrebbero pronunciate come fossero doppie. Va' a casa, che fai, è vero; *vaccasa, cheffai, 77èvvero.*
Ad ogni modo le regole che stabiliscono il raddoppiamento sono le seguenti:

a) La consonante iniziale della parola successiva si rafforza quando è preceduta da un monosillabo:

amme (a me), *checc'è (*che c'è), *èbbello* (è bello), *èvvenuto accasa* (è venuto a casa), *happilotato* (ha pilotato), *hobballato* (ho ballato), *sottutto* (so tutto), *datte* (da te), *sennavighi* (se navighi).

b) Quando è preceduta da una parola tronca:

faràbbene (farà bene), *cittàssanta* (città santa), *perchénnoi* (perché noi), *andòvvia* (andò via).

c) Quando è preceduta da un'esclamazione:

oddio (oh Dio), *occielo* (oh cielo), *avvile* (ah vile).

E' chiaro che in presenza di determinate intonazioni interpretative le norme che regolano il raddoppiamento sintattico decadono. Ti faccio un esempio: *passano gli anni ma lei non è più bella come una volta.* Letta così la frase, senza alcuna sfumatura interpretativa, dovrei raddoppiare "*ma llei non è ppiù bbella*". E' sufficiente però una breve pausa dopo il *ma* perché la "l" di *lei* non si raddoppi. Avviene lo stesso se allungo, sempre per ragioni interpretative, la "a" di *ma.* Il raddoppiamento parimenti cade se pongo l'accento sul *più* pauseggiandolo: "*Non è... più... bella*".

ESERCITAZIONI

Zoroastro era uno zingaro che ogni sera in paese al primo soffio dello zefiro scendeva dal suo maso in alta montagna per venire a suonare la zampogna in piazza.

Coperto di un pastrano azzurro, con lo zaino sulle spalle e i calzoni alla zuava, suonava nei pressi della fontana di Zeus, mentre lo zampillo dell'acqua gli faceva da controcanto.

Qualcuno lo prendeva in giro, ma nessuno avrebbe detto che era lo zimbello dei paesani. Il fatto era che un po' lo temevano per le sue doti misteriose.

Non era affatto zotico, zoppicava nella gamba destra, ma i suoi occhi color zaffiro erano dardeggianti a destra e a manca mentre, zitto, si limitava a zufolare.

La zia di Zorro, una zitella ormai di una certa età, proprietaria di zolle sterminate di terreno coltivate ad azalee, era baronessa.

Grazie a Zorro, un anziano amico, rimediava un po' di zuppa di ceci, patate, zucche lesse e il gelato zuccherato.

Odiava la zia di Zorro, sognava di cospargerla di zolfo come un cerino e di darle fuoco, ma poi il profumo della pizza con lo zampone di maiale che si spandeva intorno come una brezza che gli solleticava le nari lo faceva desistere.

Dormiva nel maso in alta montagna. In cambio di un letto, zappava la terra, un angolo di podere molto fertile, dove si coltivavano a bizzeffe zucche, zucchine, melanzane.
La notte, addormentato sulla sua branda sognava amazzoni bionde in sella a cavalli dai garretti robusti e zoccoli pesanti e una tigre dalle zanne affilate, capace di difenderlo dalle cattiverie umane.
Poi alla fine, come sempre, si svegliava e zappa in spalla andava a lavorare nei campi per una dozzina d'ore, poi scendeva in paese e nall'aria frizzantina della sera, tornava a soffiare nella zampogna.

Se hai un "GL" difettoso, leggi ad alta voce il brano che segue e fai precedere il "GL" da una "L".

Il fratello di mia moglie, Emilio, era amante dell'aglio e ogni sera, con una foglia di miglio che coglieva dietro uno scoglio dietro casa, lo divorava con gusto.
Avreste dovuto domandarglielo: raggiava di felicità mentre lo mangiava su un foglio di carta musica, disteso sul suo pagliericcio.
Era sposato con Duilia che non era precisamente una bella figliola: tartagliava, era senza ciglia, aveva caviglie grosse, piene di smagliature e poi quando rideva, il suo riso somigliava ad un raglio d'asino.

Emilio avrebbe dovuto sorvegliarla, invece, voglioso d'aglio, preferiva mangiarselo persino sulla sogliola, mentre Duilia ragliava, sventolandosi con un ampio ventaglio.

Poi, sbadigliando, si allungava sul giaciglio alle soglie del sonno e allora, meraviglie delle meraviglie, Duilia smetteva di ragliare.

Andava nell'orto in pieno rigoglio a cogliere teneri germogli. Non era una pagliacciata e neppure un abbaglio.

Toglieva le erbacce, il fogliame secco perché le piantine d'aglio crescessero meglio.

Naturalmente, anche per questo gruppo consonantico, non può mancare l'odiato scioglilingua:

Sul tagliere l'aglio taglia
Non tagliare la tovaglia
La tovaglia non è aglio
Se la tagli fai uno sbaglio.

Se hai difficoltà nei gruppi consonanti "PS", "PT", ecc. ecco l'esercizio per te.

Amleto Psello era uno psichiatra ammalato di psoriasi.

Psicologicamente era assai depresso. Talvolta lo sfiorava il dubbio d'essere affetto dalla sindrome di Psammetico ovvero da psatirosi.
Abitualmente, durante la fine settimana, s'incontrava per giocare a golf con un vecchio amico d'infanzia, Psèudolo,
Pseudopo era pseudonimo di Aniello Psìcari, uno psicanalista di Prato molto noto persino nella greca Psofide e a Pteria.
Amante di paleontologia, era sempre alla ricerca di fossili, ma non sapeva distinguere un pterosauro da un pterodattilo.

Esercizio per chi ha difficoltà di pronuncia della R.

Quattro ventriloqui bizzarri fecero trentatre chilometri per raggiungere il crocicchio detto delle tigri. Girarono la prima a destra e si ritrovarono in aperta campagna. Parcheggiarono la vettura, una quattro cavalli, e s'incamminarono lungo il sentiero erboso che intersecava la foresta di querce per giungere nella valle dei rododendri. Prima però dovevano superare l'acquitrino irto di pericoli che si trovava sulla loro strada. Forse non avrebbero incontrato i coccodrilli, ma certo gli animali che infestavano la palude non erano meno pericolosi e perniciosi.

RIEPILOGO DEL CAPITOLO 3

- SEGRETO n. 1: vale quello del capitolo precedente. Se hai dubbi sulla corretta pronuncia della “S” o della “Z”, va’ a controllare il dizionario. Soltanto in questo modo, sarai sicuro la volta successiva di ricordartene.

4° GIORNO:
Imparare la pronuncia corretta

Entriamo nel campo delle dolenti note. Se dovessimo ricorrere ad una metafora per introdurre questa lezione, direi che per orientarci nella galassia dell'ortoepia, vale a dire della corretta pronuncia delle parole italiane, dovremmo condurre la nostra astronave attraverso uno sciame di meteoriti, con il risultato di finire in ogni caso con le ossa rotte.

Sono sempre più numerose oggi le parole italiane che pronunciamo in maniera sbagliata, vuoi per noncuranza, vuoi per superficialità, vuoi per ignoranza. Anche in questo caso la scuola non c'è di supporto. L'insegnante d'italiano è pronto a sottolineare con un fregaccio blu l'errore d'ortografia, ma è latitante se lo svarione è ortoepico.

Si ha un bel dire che il lessico evolve, che non è una cattedrale eretta nel deserto insensibile agli agenti esterni, che se la consuetudine impone di pronunciare un vocabolo in una data maniera, anche se palesemente errata, quella pronuncia acquisisce diritto di cittadinanza nella lingua italiana.

Sarà pur vero per talune parole d'origine dotta (nel vocabolo *filosofia,* per esempio, derivando dal latino *philosōphia* e prima ancora dal greco *philosophìa*, composto da *philo* (amico) e *sophìa* (sapienza), l'accento tonico dovrebbe cadere sulla seconda "o", *filosòfia*, ma col tempo si è imposta la pronuncia *filosofia,* non per omaggio alla Grecia, ma per assonanza con altre scienze, tipo biologia, astronomia, geometria, ecc.), ma un certo purismo si dovrà pur mantenere nelle parole d'uso comune.

Nessuno mi convincerà ad accettare la pronuncia *scandìnavo* in luogo di *scandinàvo*. Derivando quest'ultimo dal sostantivo *Scandinàvia*, l'accento tonico secondo logica dovrebbe cadere sulla penultima sillaba: *scandinàvo.* Non si capisce perché si debba dire *scandìnavo* come se la provenienza fosse *Scandìnavia*.
Un po' di coerenza, che diamine!

La lingua cambia, ci mancherebbe! Dipende però dal tempo che ci mette a cambiare. Se tu leggessi un brano inglese o francese del duecento, non ci capiresti un'acca perché l'inglese e il francese moderno sono mutati. Se rileggessi la Divina Commedia – non farebbe male ogni tanto - questo pericolo non sussisterebbe perché Dante utilizza il 56% dei vocaboli che usiamo tuttora. Questo vuol dire che il lessico italiano è molto più lento di altre lingue a cambiare: la pronuncia di una parola muta dopo secoli, non dopo pochi anni. Vocaboli come gratùito, ammàino, rècluto, alchimìa, che nel medioevo si pronunciavano, *gratuìto, ammaìno, reclùto, alchìmia*, ci hanno messo centinaia d'anni a cambiare accento.

Non vorrei, tuttavia, apparire troppo intransigente ai tuoi occhi. Il mio "purismo" è rivolto esclusivamente ai professionisti che comunicano dai microfoni di una radio e di un canale televisivo. Costoro avrebbero l'obbligo, se non altro in ossequio alla propria professionalità, di attenersi ad una corretta uniformità di pronuncia, dato che il modello linguistico che propongono è quello cui si rifà la gran massa dei radio e tele-ascoltatori. Tutti gli altri sono ovviamente liberi di pronunciare le parole come meglio credono; in fin dei conti, l'abbiamo già detto, l'italiano si può parlare come si vuole, basta farsi capire.

Divertiti a valutare il tuo grado d'abilità nella pronuncia italiana. Metti gli accenti tonici dove ritieni vanno messi, poi leggi il brano ad alta voce e, infine, vai in fondo al capitolo e scopri se hai fatto errori.

Michele, detto il facocero per via dei suoi denti, era un alacre robot, messo a punto da un ingegnere edile scandinavo. Non era informato della diatriba sorta intorno alla pronuncia del vocabolo "monolite". Si dice che l'acqua evapori bollendo a cento gradi centigradi, ma non c'è leccornia che tenga per l'attore che grida dal palco al rivale: "Sguaina la spada, fellone!", come non c'è utensile che possa estirpare l'erba insalubre che alligna in certi settori integralisti dell'Islam, che pure, grazie al sufismo, avrebbe molto da insegnare. Se le cattive compagnie traviano, cosa si può dire del portiere che devia con la punta delle dita il calcio di rigore che porterebbe in vantaggio la squadra del cuore? Non ti adulo, ma la tua mancanza d'inflessioni dialettali non mi fa capire se sei originario di Nuoro o del Friuli. Complimenti, vuol dire che le lezioni di fonetica cominciano a fare effetto.

Immagino adesso, dopo avere dato un'occhiata alla lettura corretta in fondo al capitolo, meravigliato per l'accentazione per te insolita, tu possa obiettare che, ormai, se la maggioranza usa la pronuncia sbagliata, quella pronuncia debba avere assunto la cittadinanza ortoepica a differenza dell'altra il cui uso viene considerato solo un vezzo.

Non è così. Il fatto che ci sia qualcuno che dica *vadi pure* al posto del corretto *vada pure*, non giustifica in alcun modo l'errore di ortografia. Credo che ancora ci siano, per fortuna, persone in Italia che non sopportano il livello d'ignoranza ortoepica di alcuni radio e telecomunicatori. È come se domani accettassimo con noncuranza di vedere stampati sui giornali errori d'ortografia del tipo cuore scritto con la q, *si facci avanti* in luogo di si faccia, *se avrebbe* invece di se avesse e via dicendo. Per i puristi della lingua udire pronunciare *fortuìto* o *cosmopòlita* provoca la stessa reazione d'orticaria di chi vedesse scritto sul proprio quotidiano di fiducia: "*Il ministro ha andato dal premier a rassegnare le dimissioni*". Non ci crederebbe mai, né in un caso né nell'altro.

LE DISGRAZIE DEGLI OMOGRAFI

Gli omografi sono quelle parole che, pur avendo grafia identica, hanno pronuncia e significati differenti. Attenzione! Quando t'imbatti in loro, è facile che t'inducano in errore, specie in un incontro isolato. Sarà, invece, il contesto della frase nella quale li troverai, che ti aiuterà ad individuarne la pronuncia giusta.

SEGRETO: A proposito della fonetica degli omografi: attento ad offrire ai tuoi ospiti un tè alla pésca. Potresti farli inorridire perché saprebbe di cozze, vongole, telline. Sarà meglio offrire loro un tè alla pèsca. Almeno questa bevanda saprebbe di frutta.

Omografi con le vocali "**E**" ed "**O**"

*acc**è**tta (da accettare)*	*acc**é**tta (ascia)*
*aff**è**tto (sentimento)*	*aff**é**tto (da affettare)*
*ar**è**na (campo di gioco)*	*ar**é**na (sabbia)*
*b**ò**tte (percosse)*	*b**ó**tte (barile)*
*coll**è**ga (di lavoro)*	*coll**é**ga (da collegare)*
*c**ò**lto (da cogliere)*	*c**ó**lto (erudito)*
*conservat**ò**ri (musicali)*	*conservat**ó**ri (tradizionalisti)*
*cr**è**do (fede)*	*cr**é**do (credere)*
*c**ò**ppa (trofeo)*	*c**ó**ppa (capocollo)*
*c**ò**rso (nato in Corsica)*	*c**ó**rso (da correre)*
***è**sca (da uscire)*	***é**sca (trappola)*
*f**ò**ro (tribunale)*	*f**ó**ro (buco)*
*imp**ò**sta (persiana)*	*imp**ó**sta (da imporre)*
*l**è**gge (da leggere)*	*l**é**gge (diritto)*
*m**è**sse (mietitura)*	*m**é**sse (funzione religiosa)*
*m**ò**zzo (della ruota)*	*m**ó**zzo (della nave)*
*osservat**ò**ri (astronomia)*	*osservat**ó**ri (osservare)*
*p**è**sca (frutto)*	*p**é**sca (da pescare)*
*p**è**ste (morbo)*	*p**é**ste (impronte)*

pòrsi (da porgere)	*pórsi (da porre)*
ròsa (fiore)	*rósa (da rodere)*
sòrta (specie)	*sórta (da sorgere)*
tè (bevanda)	*té (pronome)*
tèma (elaborato)	*téma (timore)*
tòrta (da torcere)	*tórta (dolce)*
vènti (correnti d'aria)	*vénti (numero)*
vòlto (da voltare)	*vólto (viso)*

SEGRETO: Se non hai la velleità di fare lo speaker o il doppiatore, non mi sento di essere intransigente con te. Tuttavia, se sei un giornalista di Gr o di Tg, fai attenzione a non distrarre il tuo ascoltatore dalla notizia che stai leggendo con le tue nequizie linguistiche. Se inizi dicendo: "*S'ignóra* (con la O chiusa)", c'è il caso che il tuo ascoltatore si aspetti il nome e cognome della signóra (con la O chiusa) in questione e si perda il resto della notizia "*... il movente dell'omicidio*". *S'ignòra*, dal verbo ignorare, si legge con la O aperta.

Omografi con accento tonico e significato diversi

abbaìo (abbaiare continuo)	abbàio (abbaiare)
altèro (altezzoso)	àltero (da alterare)
Alòe (antiche feste per Demetra)	àloe (droga)
ambito (da ambire)	àmbito (ambiente)
ancóra (avverbio)	àncora (della nave)
arbìtri (soprusi)	àrbitri (giudici)
augùri (buoni presagi)	àuguri (sacerdoti)
auspìci (auguri)	àuspici (fautori)
bacìno (catino)	bàcino (da baciare)
balìa (essere in balia)	bàlia (nutrice)
benefìci (vantaggi)	benèfici (caritatevoli)
capitàno (grado militare)	càpitano (da capitare)
circuìto (da circuire)	circùito (pista)
colònia (possedimento	colonìa (contratto agrario)
compìto (garbato)	cómpito (incarico)
Cupìdo (dio dell'Amore)	cùpido (avido)
gorgheggìo (trillo continuo)	gorghéggio (trillo)
gorgoglìo (chiocciolio continuato)	gorgóglio (chiocciolio)
impàri (da imparare)	ìmpari (disuguale)
indìce (da indire)	ìndice (dito)
intuìto (da intuire)	intùito (acume)
intìmo (da intimare)	ìntimo (aggettivo)
leggère (lievi)	lèggere (verbo)
malefìci (incantesimi)	malèfici (maligni)
mendìco (mendicante)	méndico (da mendicare)
nettàre (verbo)	nèttare (bevanda)
nocciòlo (albero)	nòcciolo (seme)

Om**è**ro (poeta greco)	**ò**mero (osso)
pag**à**no (non cristiano)	p**à**gano (da pagare)
patt**ì**no (imbarcazione)	p**à**ttino (da pattinare)
pred**ì**co (da predire)	pr**è**dico (da predicare)
pres**ì**di (distaccamento)	pr**è**sidi (capi d'istituto)
princ**ì**pi (norme)	pr**ì**ncipi (nobili)
reg**ì**a (opera del regista)	r**è**gia (reale)
Sof**ì**a (nome)	S**ò**fia (città)
spal**à**to (da spalare)	Sp**à**lato (città)
segu**ì**to (da seguire)	s**é**guito (scorta)
sub**ì**to (da subire)	s**ù**bito (avverbio)
t**è**nere (morbide)	ten**é**re (verbo)
term**ì**te (miscela incendiaria)	t**è**rmite (insetto)
turb**ì**ne (motrici)	t**ù**rbine (vortice)
vi**ò**la (str. mus., colore, pianta)	v**ì**ola (da violare)
vol**à**no (organo rotante)	v**ó**lano (da volare)

Nelle parole scientifiche d'origine greca regna una gran confusione in fatto d'accenti. Si legge elettròlisi o elettrolìsi, esègesi o esegèsi, anàmnesi o anamnèsi, anàtema o anatèma? La norma che regola la corretta pronuncia in fondo, è semplice, basta seguirla.

Se la tradizione è unicamente ellenica, come nelle parole formate da due elementi greci (antigene, archetipo, autodromo, elettrolisi, ippodromo, monolito, megalite, prototipo, toponimo), l'accento sarà sempre sdrucciolo (essendo breve la penultima sillaba nella lingua d'origine). Si dirà quindi: *antìgene, archètipo, autòdromo, ippòdromo, monòlito, elettròlisi, protòtipo, topònimo*. Nelle parole greche giunteci attraverso la tradizione latina, l'accento tonico cadrà sulla penultima, quindi: *artròsi, flogòsi, mimèsi, osmòsi, scleròsi, stenòsi*, *diurèsi*, e così via.

Questa è la regola, regolarmente disattesa dai medici che continueranno a pronunciare: *arteriosclèrosi, pèrone, anàmnesi, flògosi*, *diùresi*, influenzando negativamente i nostri radio e tele-comunicatori, pubblicitari compresi, con il risultato d'ingenerare più di una confusione in materia d'accenti.

Ai medici, tuttavia, che insistono a pronunciare, non so per quale vezzo alla greca, suggerirei di portare fino in fondo la loro coerenza pronunciando *pròblema* e non *problèma*, essendo anch'esso un vocabolo d'origine greca.

N. B. Nelle parole composte di semplice assonanza greca ma chiaramente italiane, l'accento cade sulla penultima: *motoscàfo, batiscàfo, aliscàfo*.

Metti gli accenti corretti e leggi ad alta voce le seguenti frasi:

Abele si era destato con una brutta cera, era più bianco di una candela di cera.

Una vera folla di elettrici si era radunata nella rimessa dei fili elettrici.

I monatti della peste di Milano, trascinando via il carro degli appestati, non avevano lasciato peste nella fanghiglia del tugurio.

Gli osservatori in cima al colle non avevano più osservatori.

In salumeria puoi trovare la coppa di maiale ma non la coppa del nonno.

Filomena prende con la collega Maddalena il treno che collega Afragola a Napoli.

Per tema di attraversare la strada trafficata corse il rischio di non svolgere il tema d'esame.

Il nocciolo e non il nocciolo del reattore è fatto d'uranio.

Se vado a pesca con una pesca, c'è rischio che faccia confusione?

Con affetto ti affetto un trancio intero di pastiera.

Luis, un corso di Ajaccio, risalì il corso per raggiungere la sua meta, Brigitte la sua metà.

Il mozzo della nave, sceso a terra, perse più di trenta minuti per accomodare il mozzo rotto della sua bici.

Sei un amico intimo, è vero, ma non puoi dirmi: "T'intimo di non frequentare quella donna!"

Esca fuori di qui prima che qualcuno possa dare esca alla sua rabbia.

Bastò un turbine di vento per spegnere le turbine.

Espellendo i più facinorosi, arbitri e guardalinee posero fine agli arbitri scoppiati sugli spalti e sul campo di gara.

La missione è impari, ma può darsi che in questo modo impari a reagire alle avversità.

Le cattive compagnie traviano i ragazzi, ma nell'ambito dell'assistenza sociale l'impegno dell'educatore è molto ambito.

Impariamo a leggere che l'acqua evapora, sono le gocce più leggere ad ascendere verso il cielo.

Caribi è la tribù che dette il proprio nome al mar dei Caraibi, ma quale italiano pronuncia in modo corretto questo nome.

Il portiere con la punta delle dita devia il pallone scagliatogli dal vertice dell'area di rigore.

Irene e Oliviero s'imbarcarono su un cargo battente bandiera liberiana per fare il periplo del continente.

Il cuculo e l'upupa sono due pennuti appartenenti al regno degli uccelli.

La targa lapidea spenzolava pericolosamente dall'architrave rischiando di fracassarsi sulla pietra del monolite.

I pirati abbordarono la goletta lanciandosi dalle sartie armi in pugno direttamente sulla coperta della nave.

Ingrid era una bellezza scandinava, non ci fu da meravigliarsi se i suoi lunghi capelli color cenere fecero colpo tra gli aborigeni.

Archetipo della civiltà megalitica, il dolmen suscitò molto interesse fra gli studiosi di storia antica.

Tancredi si sporse dall'amaca e chiese a Prassede se fosse suo il baule intarsiato.

Non ti adulo, ma credo di non aver trovato mai nessuno così bravo a creare tarsie tanto perfette.

L'avvocato perora la causa del transfuga, costretto a causa della guerra civile ad abbandonare il suo paese d'origine.

Sguaina la spada e difenditi se non vuoi che ti accusi di fellonia.

Questo merlot è così gustoso che lo centellino poco per volta.

Quell'abito di seta che t'inguaina è così aderente che pare che ti sia stato cucito sulla pelle.

-Svapora l'ipotesi di un governo di convergenza- dichiarò il capo della commissione di maggioranza del senato.

L'elzeviro è l'articolo di fondo della terza pagina di un quotidiano. Il nome deriva da una celebre famiglia di stampatori olandesi.

I Cristiani per i seguaci dell'Islam erano chiamati gli infedeli, non gli infidi.

In Ucraina hanno finalmente chiuso la centrale di Chernobyl. Al suo posto hanno piantato i cipressi di Bolgheri.
Costretta a letto per un principio d'alopecia conseguenza dello stress, Rebecca aveva letto su un depliant che l'arista di maiale era un vero toccasana per le contusioni traumatiche.

LETTURA CORRETTA

*Michele, detto il facoc****è****ro per via dei suoi denti, era un* ***à****lacre r****ò****bot, messo a punto da un ingegnere ed****ì****le scandin****à****vo. Non era informato della di****à****triba sorta intorno alla pronuncia del vocabolo "mon****ò****lite". Si dice che l'acqua evap****ó****ri bollendo a cento gradi centigradi, ma non c'è leccorn****ì****a che tenga per l'attore che grida dal palco al rivale: "Sgua****ì****na la spada, fellone!", come non c'è utens****ì****le che possa estirpare l'erba insal****ù****bre che alligna in certi settori integralisti dell'Isl****à****m, che pure, grazie al sufismo, avrebbe molto da insegnare. Se le cattive compagnie trav****ì****ano, cosa si può dire del portiere che dev****ì****a con la punta delle dita il calcio di rigore che porterebbe in vantaggio la squadra del cuore? Non ti ad****ù****lo, ma la tua mancanza d'inflessioni dialettali non mi fa capire se sei originario di N****ù****oro o del Fri****ù****li. Complimenti, vuol dire che le lezioni di fonetica cominciano a fare effetto.*

SPIEGAZIONI

Facocèro (cinghiale africano): deriva dal latino *phacochērus*.

Álacre deriva dal latino *àlăcre(m)*. Ricordi la regola latina? Se la penultima è breve, l'accento cade sulla terzultima sillaba.

Ròbot, vocabolo d'origine cecoslovacca. Lavoratori in ceco si traduce *robota*. *Robotnika* è il giornale dei lavoratori. Nel significato di automa è stato usato per la prima volta da un drammaturgo di Praga, Karel Capek, nella sua opera teatrale "R.U.R.".

Edìle: deriva dal latino *aedīle(m)*, a sua volta derivante dal sostantivo *āedes* (tempio). Per questa ragione l'accento cade sulla ī lunga. Se fosse derivato da un verbo, l'accento si sarebbe spostato sulla terzultima per effetto della ĭ breve.

Scandinàvo: l'accento cade sulla penultima sillaba dato che l'aggettivo deriva dal sostantivo *Scandinàvia*. Se derivasse da *Scandìnavia* sarebbe naturale pronunciare *scandìnavi*.

Diàtriba: derivazione dal latino tardo *diàtrĭba* (discussione), a sua volta derivata dalla voce greca *diatribê*, composto di *tribê* (consumo) e *diá* (continuo). La pronuncia errata *diatrìba* deriva invece dal francese *diatrìbe*.

Monòlite, derivazione dal composto greco *mònos* (solo) e *lìthos* (pietra). Nell'incontro di due vocaboli di derivazione greca l'accento cade sempre sulla terzultima.

Leccornìa: deriva da *lecconerìa*. Secondo altri da *lecconìa*, attratta da *ghiottornìa*.

Sguaìna: presente indicativo di sguainare, verbo che deriva da *guaìna* + S estrattiva.

Guaìna: deriva dal latino *vagīna(m)*. Il suffisso "VA" si è trasformato nel longobardo GUA mantenendo l'accento tonico sulla "I".

Utensìle, derivazione latina da *utensīlia "*cose da usare*"*.

Insalùbre: deriva dal latino *insalūbre(m)*.

Islàm, parola araba che significa "*abbandonarsi*" a Dio.

Travìano come *devìano*, *svìano*, mantengono tutti lo stesso accento.

Adùlo: derivazione dal latino *adulāre*.

Nùoro: città della Sardegna, di origini preromane. Nel Medioevo si chiamava *Nùgoro*. Caduta la g, è rimasto Nùoro.

Friùli: da *Forum Iuli,* antico nome di Cividale, capoluogo prima del secolo XIV della *Patria del Friuli*

ALCUNE PREMESSE STORICHE

Come certamente saprai, la lingua italiana vanta due illustri progenitori: il latino e il greco. Naturalmente, il latino, che con il tempo si è trasformato in italiano volgare, era la lingua popolare, non certo il latino classico, usato nelle orazioni pubbliche o nelle cerimonie ufficiali. Un romano della Suburra non avrebbe mai chiamato il cavallo *equus*, ma *caballus* ed è quest'ultimo che si è tramandato trasformandosi nell'italico *cavallo*. Il suffisso *equus*, tuttavia, è rimasto nei vocaboli dotti equestre, equino, equitazione. Lo stesso discorso vale con i termini *ignis* e *focus;* è quest'ultimo (in latino aveva il significato di *focolare*) che si è tramandato mutandosi in *fuoco.*

Del periodo altomedievale, forse oscuro dal punto di vista linguistico per mancanza d'informazioni documentate, ma per altri versi pieno di fermenti, c'è giunta testimonianza attraverso un documento notarile del maggio del 960, piuttosto noto per chi ha frequentato il liceo classico e si è iscritto alle facoltà di lettere e di giurisprudenza.
"*Sao ko kelle terre, per kelle fini que ki contene, trenta anni le possette parte Sancti Benedicti*"

(So che quelle terre, entro quei confini di cui qui si discute, li ha posseduti per trent’anni l’abazia di san Benedetto).

In questi ultimi anni, tuttavia, è stato trovato un altro documento di rilevante interesse, non fosse altro perché sembrerebbe un fumetto ante litteram.

Nella chiesa di san Clemente a Roma, c’è un dipinto risalente all’undicesimo secolo, ma secondo alcuni studiosi potrebbe essere assai

più antico. Ebbene, dal personaggio ritratto sulla destra con la maschera nera a significare che è cieco, esce un fumetto nel quale è inciso:
A sinistra *"Fàlite dereto colo palo, Carvoncelle" (spingi dietro con il palo, Carboncello*) e a destra *"Fili de le pute, tràite. Gusmari* (nome proprio), *Albertel* (nome proprio), *tràite*". La traduzione è inutile, visto che il significato è lampante.

Il documento più antico finora ritrovato e che dimostra il lento passaggio dal latino al volgare è un graffito scoperto di recente nelle catacombe di santa Commodilla a Roma e risalente all'ottavo/nono secolo. Recita così: "*Non dicere illa secreta abboce*". Tradotto significa: non dire a voce alta le preghiere segrete della messa.

Sempre alla fine dell'VIII secolo risale un bizzarro documento, testimonianza inequivocabile delle interferenze tra latino e volgare. È il celebre *indovinello veronese,* inserito per mano di un copista veronese in un codice liturgico elaborato in Spagna. La versione più accreditata è la seguente:

Se pareva boves, alba pratalia araba,
albo versorio teneba, et negro semen seminaba.

Sono due esametri ritmici che, attraverso la figura e gli strumenti dell'aratura e della seminagione, alludono alla stessa pratica dello scrivere: i buoi corrispondono alle dita dello scrittore, il bianco aratro (*albo versorio*) alla penna, i bianchi prati (*alba pratalia*) alla carta, e il *negro semen* all'inchiostro.

Bisogna attendere il XIII e il XIV secolo con l'affermazione dei Comuni, la vera e propria nascita dell'italiano volgare. La lingua parlata a Firenze nella sua tripla valenza letteraria (con Dante, Petrarca, Boccaccio), notarile e commerciale (i banchieri fiorentini avevano acquisito all'epoca importanza internazionale) s'impose sulle altre varianti dialettali dei comuni italiani, diventando l'elemento unificante della lingua dotta della penisola, innestata nello zoccolo duro del latino, tradotto dal popolo in modo maccheronico.

In seguito, nonostante le diverse dominazioni straniere subite nel corso dei secoli dagli staterelli nei quali era suddivisa l'Italia, il volgare derivato dal toscano letterario, grazie anche all'invenzione della stampa, rimase la lingua con la quale si esprimevano i letterati e le classi colte.

Con l'unificazione politica d'Italia si pose il problema di quale doveva essere la lingua in grado di unificare gli italiani, nelle scuole come nei tribunali, nell'esercizio fiscale come in quello legislativo, nel servizio di leva come nella burocrazia. Il neonato stato italiano dette la sua risposta, affidando ad una commissione di parlamentari, presieduta da un famoso intellettuale dell'epoca, Alessandro Manzoni, il compito di risolvere il problema.

L'autore dei "Promessi Sposi", che già da tempo aveva aderito alle leggi linguistiche toscane (si era persino vantato che nello scrivere l'ultima versione del suo romanzo era andato a Firenze "a risciacquare i panni in Arno"), dopo qualche anno, presentò al ministro della pubblica istruzione dell'epoca una relazione dal titolo "*Dell'unità della lingua e dei mezzi per diffonderla*".

Nella relazione, il Manzoni stabiliva come base della questione linguistica la scelta del fiorentino parlato dagli uomini colti, in quanto, a suo parere, quella era la lingua che meglio di altre in Italia, rispondeva alla legge fondamentale, secondo cui l'uso era la norma dominante d'ogni lingua, sia rispetto alla grammatica sia al vocabolario.

Era fatta: la fonetica toscana, con il suo modo di accentare le “E” e le “O”, di pronunciare le “S” e le “Z”, era diventata il motore di base dell’italiano. Chiunque aspirasse a parlare in buon italiano doveva fare i conti con il fiorentino. Soprattutto, con la nascita della radio e più tardi della televisione, chi lavorava davanti ad un microfono aveva l’obbligo morale di esprimersi con buona dizione. I concorsi per annunciatore della RAI avevano questo scopo. Erano particolarmente selettivi e, prima degli esami finali, i candidati erano inviati al Centro Produzione RAI di Firenze a seguire i corsi di dizione e fonetica, grazie ai quali non solo imparavano la corretta pronuncia dell’italiano, ma erano poi in grado di leggere foneticamente vocaboli appartenenti alle più note lingue straniere.

Devo dire, a chiosa di queste poche righe, che, a detta dei miei insegnanti dell’epoca, gli estensori (Migliorini, Fiorelli, Tagliavini) del mitico DOP, dizionario d’ortografia e pronuncia, il messale di chiunque voglia parlare, leggere o recitare da un microfono, il miglior italiano è il toscano in bocca al romano. La cosa è comprensibile dato che alcune particolarità linguistiche toscane, quale per esempio l’uso della “C” aspirata (antica reminiscenza etrusca), erano in pratica eliminate.

RIEPILOGO DEL CAPITOLO 4:

- SEGRETO n. 1. Se non hai la velleità di fare lo speaker o il doppiatore non mi sento di essere intransigente con te. Tuttavia, se sei un giornalista di Gr o di Tg, fai attenzione a non distrarre il tuo ascoltatore con le tue nequizie linguistiche dalla notizia che stai leggendo. Se inizi dicendo: "*S'ignóra* (con la O chiusa)", c'è il caso che il tuo ascoltatore si aspetti il nome e cognome della signóra (con la O chiusa) in questione e si perda il resto della notizia "*... il movente dell'omicidio*". *S'ignòra*, dal verbo ignorare, si legge con la O aperta.
- SEGRETO n. 2. Sempre a proposito della fonetica degli omografi: attento ad offrire ai tuoi ospiti un tè alla pésca. Potresti farli inorridire perché il tuo tè saprebbe di cozze, vongole, telline. Sarà meglio offrire loro un tè alla pèsca. Almeno questa bevanda saprebbe di frutta.

5° GIORNO:

Curare i difetti di voce e articolazione

Ortofonia, dal greco *ortòs* "conforme alla norma" e *fonè* "voce", in linguistica è la corretta pronuncia di una lingua, mentre in medicina è la capacità di correggere, con l'ausilio di alcuni esercizi specifici, i difetti della voce e anche dell'articolazione come vedremo fra breve .

Giunti a questo punto, facciamo un passo indietro. Al termine del 1° giorno ci siamo chiesti quali fossero i requisiti base per una voce fonogenica, ma soprattutto, quali caratteristiche avremmo potuto e voluto ottenere con la nostra voce eseguendo determinati esercizi. Eravamo d'accordo nel sostenere che una voce per essere accattivante, coinvolgente, doveva essere **piena**, **chiara**, **sicura**.

SEGRETO: Se hai fatto pratica con la respirazione diaframmatica e hai seguito la corretta impostazione della voce con il bilanciamento delle casse armoniche, un primo obiettivo dovresti averlo ottenuto: un registro vocale pieno, corposo, rotondo.

Se ritieni che la tua voce non risponda al primo requisito di base, la pienezza, non preoccuparti più di tanto. Esistono esercizi d'ortofonia che fanno al caso tuo. Per esempio, se vuoi dare maggiore forza alla tua voce perché debole e insicura, uno degli esercizi più efficaci è quello di sistemarsi davanti allo specchio e osservare con attenzione il comportamento della propria bocca mentre si emettono separati i suoni relativi alle vocali:

ààààààààààààààààà

ééééééééééééééééé

èèèèèèèèèèèèèèèèè

iiiiiiiiiiiiiiiiiiiiiiiiiiiiiiiii

óóóóóóóóóóóóóóóóó

òòòòòòòòòòòòòòòòò

uuuuuuuuuuuuuuuuu

Adesso lega insieme i suoni delle vocali in un'unica emissione di fiato:

aaaa-éééé-èèèè-iiii-óóóó-òòòò-uuuu

Cerca come prima volta di mantenere la medesima intensità per tutta la durata dell'emissione. Ripeti più volte l'esercizio. Quando riterrai di essere riuscito a controllare la tua voce senza eccessivi tremolii, prova ad articolare i sette suoni delle vocali, aumentando e diminuendo il volume dei suoni, sempre utilizzando un'unica presa di fiato.

Un altro utile esercizio a rafforzare la voce è quello che chiamo "colpo di glottide".

Ha-Ha-Ha

Ho-Ho-Ho

He-He-He

Hi-Hi-Hi

Hu-Hu-Hu

Fatti dare una mano dal diaframma e sentirai cosa succede aspirando le vocali.

Se volessi correggere una voce troppo **acuta**, ti suggerisco quest'esercizio: inspira ed espira a bocca aperta in profondità e adagio. Quando hai preso un certo ritmo, in fase d'espirazione riproduci un suono vocale senza far uso della laringe. In altre parole, cerca di emettere un suono come se ti sentissi spossato, estenuato addirittura. Otterrai così un suono bassissimo:

a a a a a a a a a a

Quando avrai ottenuto l'espirazione sonora nei suoni bassi, prova a pronunciare una parola intera, sillaba per sillaba, facendo attenzione che ogni sillaba abbia una diversa inspirazione ed espirazione.

Pre-ci-pi-te-vo-lis-si-me-vol-men-te

Se, al contrario, ritieni di avere una voce eccessivamente **bassa**, tanto che rischi di ritrovarti spesso rauco, è necessario esercitarsi soprattutto con i suoni delle vocali più alte la "i" e la "è". Rammenti gli esercizi d'impostazione della voce della seconda lezione? La nasalizzazione "hmmh" seguita dal nome dei mesi gennaio, febbraio, marzo, ecc.? Ebbene, sarà il caso che dopo aver pronunciato a bocca chiusa la nasalizzazione "hmmh", la faccia seguire da sillabe ripetute del tipo: *mèmme, mènne, nènne, gnègne*, oppure *mimmi, timmi, dimmi, ninni, gnimmi* ecc. e infine dal numero.

All'opposto, se ritieni di possedere una voce troppo **sottile**, allora è necessario che ti proponga lo stesso esercizio seguito, però, da sillabe con vocali chiuse: *gnógno, gnugno, mómmo, mummu, nónno, nunnu* etc.

Se, invece, hai attacchi **bruschi** di voce e desideri rendere più sciolta e fluida la voce, l'esercizio che fa al caso tuo è il seguente: mentre t'impratichisci via via con la respirazione diaframmatica, in fase d'espirazione, emetti adagio l'aria che avrai riscaldato al tuo interno lungo la faringe fino ad espellerla dalla bocca. Ripeto, l'esercizio deve essere condotto molto lentamente. Da esso ne trarranno beneficio le voci brusche e contratte, ma l'esercizio sarà ancora più indicato laddove, a causa d'affaticamenti vocalici, si verifichi un'eccessiva contrazione dei muscoli della laringe e del collo.

Se invece possiedi una voce **gutturale**, uno dei modi per ovviare ad uno dei difetti più comuni e antipatici, è quello di ridare elasticità alle corde vocali con emissioni leggere della vocale "e" e con la bocca tenuta aperta in senso orizzontale, senza forzature. La voce strozzata dipende anche dall'arretramento della radice della lingua che va a sospingere all'indietro l'epiglottide fino a coprire l'apertura laringea. In questo caso è necessario sforzarsi di portare avanti la lingua verso i denti incisivi inferiori pronunciando la vocale “e” accompagnata dalla “s” o dalla “r”.

Se hai una voce **nasale**, la causa è dovuta all’eccessiva estensione in profondità del campo di risonanza della bocca con il velo palatale che, rilassandosi, si abbassa troppo e ostruisce il passaggio del fiato sonoro verso la cavità boccale. Se ciò non dipende da cause organiche o patologiche, è possibile correggere il difetto con un’opportuna ginnastica fisiologica, basata soprattutto sull’appiattimento della lingua, che, per riflesso muscolare, determina l’innalzamento del velo palatale. Un altro esercizio è quello di pronunciare con chiarezza e brevità, a fior di labbra, i fonemi:

du / do / di / de

L’emissione della vocale accompagnata dalla “d” impedisce il parlare col naso perché avviene sul davanti della maschera facciale e quindi il suono non invade le narici. Ottenuto questo primo risultato, sostituisci la consonante “d” con le altre consonanti seguite dalle vocali.

Se il tuo difetto è quello di una voce **intubata**, derivante soprattutto dall’eccessivo abbassamento dell’epiglottide, allora è necessario ricorrere ad esercizi in cui ad un’ampia apertura della bocca segua l’appiattimento della lingua in direzione dei denti incisivi inferiori e il pronunciamento di vocali chiare “e” ed “i”.

Se per qualche motivo, infreddatura, stanchezza vocale o altro, la raucedine ti ha tolto la voce, non fare niente. In questo caso la cura migliore è far riposare le corde vocali. Quindi, taci e approfittane per riflettere.

SEGRETO: Gli esercizi d’ortofonia dovrebbero essere fatti ogni giorno e più volte durante la giornata. Solo in questa maniera, potrai essere certo di ottenere i risultati auspicati.

Senza dubbio l’argomento che stai per affrontare adesso è quello più importante dell’intero per-corso in 7 giorni. Non importa che tu abbia una padronanza perfetta della pronuncia d’ogni parola del vocabolario italiano, se non sai articolare in modo più che corretto le sillabe di una parola, conviene che cambi idea circa il tuo futuro, sia che tu voglia fare il presentatore tivù o l’attore, il conduttore di tigì o lo speaker, ma anche il prete o l’avvocato, l’insegnante o il politico, lo psicologo o il piazzista. Se un giorno dovessi avere bisogno di uno di questi professionisti, fai attenzione su chi ricade la tua scelta.

A mio parere, possedere una padronanza dell'articolazione supera persino l'obbligo morale che ciascun radio e telecomunicatore dovrebbe avere circa la pronuncia corretta dei vocaboli della propria lingua. Ricordi Ruggero Orlando, il corrispondente RAI da New York degli anni settanta?

Nonostante la sua terribile "R" e il timbro di voce non proprio fonogenico, era piacevole ascoltare le sue corrispondenze dagli USA perché la sua personalità unita all'ottima articolazione delle parole rendeva il suo eloquio a braccio assai godibile. Altrettanto si può dire di Antonio Lubrano, malgrado il marcato accento partenopeo (anzi, di Procida). Il fatto è che sto riferendomi a commentatori, ad ottimi professionisti del microfono che lavorano a braccio (termine tecnico che indica la loro capacità d'improvvisazione), rivelando una padronanza assoluta dei loro argomenti. A professionisti di questo calibro è concessa una libertà d'espressione che non è consentita ad altri, lettori di radio e telegiornali compresi, soprattutto ai conduttori di tigì che fingono di parlarti guardandoti negli occhi, quando invece non perdono di vista il filo della lettura sul "gobbo" che scorre sotto i loro occhi ad altezza di obiettivo di telecamera.

A questo proposito, concedimi una breve digressione tecnica. Semmai dovessi essere ripreso da una telecamera e stai conducendo un tigì, fissa lo sguardo nell'obiettivo (il contrario di ciò che dovresti fare se sei un attore): soltanto in questo modo darai l'impressione al telespettatore di guardarlo direttamente negli occhi. Si sentirà seguito da te in qualsiasi punto si trovi nella sfera d'influenza dello schermo.

Se tu che mi leggi sei una bella ragazza e dovessi fare una promozione pubblicitaria (per es. nell'ambito di uno spettacolo di varietà), ti consiglio di non fare la bionica, né tanto meno la zombi che fissa il vuoto con sguardo vitreo senza un battito di ciglia, mentre si vede benissimo che stai leggendo le battute su un cartellone. In simili frangenti, se non hai un gobbo elettronico, è molto meglio che impari a memoria le tue battute. Farai una figura migliore.

Se ti capita di leggere in video un dispaccio d'agenzia o una qualsiasi notizia dell'ultimo momento, non dare l'impressione di leggere pedissequamente il testo, ma cogli con gli occhi (che sono in grado di leggere più velocemente della voce) quelle parole facilmente memorizzabili, che ti consentono di alzare lo sguardo e di fissare l'obiettivo della telecamera mentre le pronunci.

N. B. Attenzione. Non è mai consigliabile, se non nel caso appena citato, leggere un testo all'impronta, a meno di non essere un esperto professionista con una notevole capacità di concentrazione. Ti ho appena detto che l'occhio nella lettura corre più velocemente della voce e ciò può trasformarsi per te in un trabocchetto. Immagina di dovere leggere un brano nel quale fra l'altro ci sia scritto: *non guardare la paglia nell'occhio di tuo fratello*. Se non sei più che concentrato, potrà succedere che mentre stai per pronunciare paglia, l'occhio sia andato sulla parola occhio e quindi finisca per leggere, com'è già successo ad un collega in una trasmissione di radio vaticana: *non guardare la pacchia nel loglio di tuo fratello*.

Riprendiamo per un attimo il discorso sulla respirazione e sulla voce. Te ne rammenti? La voce è quel complesso di suoni che sono prodotti dalla laringe grazie al concorso del mantice diaframmatico-polmonare e delle cavità nasali e boccali. Tradotto in pratica, ciò vuol dire che, durante l'espirazione, la corrente d'aria, spinta dal diaframma, risalendo lungo la trachea, fa vibrare le corde vocali, producendo suoni che diventano articolati con il contributo degli organi della bocca: labbra, denti, lingua, palato, ugola.

Il rumore dell'articolazione è dato dalle consonanti, i cui suoni si creano in bocca. Di conseguenza, una buona pronuncia deriva dalla corretta articolazione dei suoni all'interno della bocca, resa possibile dal movimento e dall'elasticità dei muscoli facciali.

Abbiamo ammesso di avere sempre utilizzato male l'apparato respiratorio, figuriamoci quindi, se siamo allenati ad usare i muscoli facciali per ottenere la migliore articolazione delle parole.

LA DIVISIONE DI PAROLE IN SILLABE

Gli esercizi che più avanti ti proporrò per allenarti ad una corretta articolazione delle parole non possono prescindere dalla scansione in sillabe dei vocaboli.
La sillaba, te lo ricordo, è la più piccola unità fonetica che può essere articolata e udita e nella quale una parola può essere divisa. Le norme che regolano la sillabazione sono soltanto quattro.

Fa sillaba la vocale iniziale di parola, seguita da una consonante:

a-so-la, a-ra-re, o-bo-lo, o-do-re, o-no-re, u-mo-re

Le consonanti semplici fanno sillaba con la vocale successiva:

ba-na-na, ca-na-le, te-no-re, ru-mo-re, to-re-ro.

Le consonanti doppie si dividono, la prima in una sillaba, la seconda in quella successiva:

pif-fe-ro, noz-ze, pas-se-ro, ro-tel-la, ter-re-stre.

I gruppi consonantici disuguali vanno uniti alla vocale che segue:

cra-vat-ta, cro-sta-ta, stre-pi-to, spa-sti-co.

Ti sento già brontolare: "Cos'è questa storia della sillabazione? Non sono mica in prima elementare".

No, non lo sei, ma è come se ci fossi in materia d'articolazione.

SEGRETO: Ricorda! una buona sillabazione è la prima regola per una buona articolazione delle parole.

ESERCIZI PER UNA BUONA ARTICOLAZIONE

Fai attenzione ai prossimi esercizi, alcuni si riveleranno particolarmente utili soprattutto per chi, abituato ad una pronuncia dialettale, non articola correttamente talune consonanti e taluni gruppi di consonanti. Mentre ti eserciti davanti allo specchio, osserva con attenzione il movimento dei tuoi muscoli facciali. Non aver paura di esagerare nel metterli in funzione.

Esercizio che coinvolge il movimento delle labbra:

pa pé pè pi pó pò pu

ba bé bè bi bó bò bu

Esercizio che coinvolge labbra e denti:

va vé vè vi vó vò vu

fa fé fè fi fó fò fu

Esercizio che coinvolge labbra e risonanza nasale:

ma mé mè mi mó mò mu

Esercizio che coinvolge la punta della lingua e i denti:

na né nè ni nó nò nu

Esercizio che coinvolge la punta della lingua e il palato:

la lé lè li ló lò lu

ra ré rè ri ró rò ru

Esercizio che coinvolge il dorso della lingua e il palato:

ca ché chè chi có cò cu

ga ghé ghè ghi gó gò gu

Esercizio che coinvolge il dorso della lingua, il palato, il naso e i denti:

gna gné gnè gni gnó gnò gnu

Infine, eccoti un esercizio specifico per l'articolazione di determinati gruppi consonantici:

bra bré brè bri bró brò bru

cla clé clè cli cló clò clu

gra gré grè gri gró grò gru

psa psé psè psi psó psò psu

pta pté ptè pti ptó ptò ptu

gla glé glè gli gló glò glu

sca scé scè sci scó scò scu

spa spé spè spi spó spò spu

ςla ςlé ςlè ςli ςló ςlò ςlu

ςna ςné ςnè ςni ςnó ςnò ςnu

spra spré sprè spri spró sprò spru

tra tré trè tri tró trò tru

GINNASTICA FACCIALE

A denti serrati pronunciate i seguenti fonemi:

U – X (per 10 volte)

BA – BE – BI – BO – BU // CA – CHE – CHI – CO – CU

CIA – CE – CI- CIO – CIU // DA – DE – DI – DO – DU

FA – FE – FI – FO – FU //GA – GHE – GHI – GO – GU

GIA – GE – GI – GIO – GIU // LA – LE – LI – LO – LU

MA – ME – MI – MO – MU // NA – NE – NI – NO – NU

PA – PE – PI – PO – PU // RA – RE – RI – RO – RU

SA – SE – SI – SO – SU // ŠA – ŠE – ŠI – ŠO – ŠU

TA – TE – TI – TO – TU // VA – VE – VI – VO – VU

ZA – ZE – ZI – ZO – ZU // ŽA – ŽE – ŽI – ŽO – ŽU

U – X (ancora per 10 volte)

Continua ad esercitarti **scandendo le sillabe** di ciascuna parola di questo breve brano. Ricordati di farlo con una matita stretta tra i denti. Sarà noioso come e più di altri esercizi, non lo nego, ma ti assicuro che è un esercizio utile per scaldare e muovere i muscoli facciali altrimenti inattivi.

Brigida non ebbe alcun timore di scavalcare il muretto, ormai disgregato dai secoli e di entrare nel cortile del castello diroccato, che si ergeva minaccioso sul costone della montagna. Il tempo stava rapidamente mutando. Le chiazze azzurre del cielo erano state cancellate e grosse nuvole piombigne avevano oscurato il sole. D'improvviso: ZAC! Una saetta zigzagò tra i nembi carichi di pioggia, caricando di luce livida le vestigia del castello. BRRUUM! Il rombo cupo del tuono non si fece attendere. Si ripercosse cavernoso nei meandri di pietra. VUUMM! Il vento si alzò impetuoso, prendendo d'infilata la montagna e i suoi anfratti rocciosi. DAN, DAN, DAN! Rintoccò la campana fessa della torre, sbattuta dal vento. CRA, CRA, CRA! Protestarono i corvi rifugiandosi negli interstizi delle mura sgretolate. Brigida non si perse d'animo. Nel vedere lo scatenarsi degli elementi, soprattutto il violento acquazzone, corse a ripararsi nel sotterraneo dell'antico maniero, l'unica parte della costruzione che avesse ancora un tetto. La tenebrosità del luogo dava i brividi. Malgrado ciò, la fanciulla mosse i primi passi nell'ambiente. La luce di una saetta illuminò il sotterraneo. D'improvviso, nel silenzio sepolcrale della cripta si alzò uno scricchiolio: SCRIIITCH! Brigida si portò una mano alla bocca, ma non riuscì a trattenere lo strillo che le era salito in gola. L'aria si riempì del frullare d'ala di decine di pipistrelli urlanti. SQUITCH, SQUITCH! Brigida e la torma di pipistrelli spaventati si precipitarono all'aperto. Meglio la pioggia che dover guardare quella figura d'incubo che aveva intuito, piuttosto che veduto, nell'angolo più buio della cripta. Giuseppe, il barbone, non si mosse dalla sua amaca di fortuna. HAAUGH! Sbadigliando, si chiese cosa avesse visto quella ragazzina per scappare così a gambe levate.

L'esercizio più utile per sgranchire l'articolazione è lo scioglilingua. Prova a scandire le parole sillaba per sillaba. Poi, velocizza la lettura.

Eccoti un classico:

Tre tozzi di pan secco
In tre strette tasche stanno;
In tre strette tasche stan
Tre tozzi di pan secco

Questo non è male, è utile soprattutto per l'articolazione delle "r":

Trentatre trentini entrarono
Trotterellando in Trento
Tutti e trentatre trotterellando

Questo lo conosci?

Filo fine dentro al foro
Se l'arruffi non lavoro
Non lavoro il filo fine
Foro il foro come un crine

E questi altri?

Dietro a quel palazzo c'è un povero cane pazzo
Date un pezzo di pane a quel povero pazzo cane.

Avevo una graticola da ringraticolare
La portai dal capo ringraticolatore delle graticole
Ma il capo ringraticolatore delle graticole non c'era.
Allora me la ringraticolai da me
E me la ringraticolai meglio

Del capo ringraticolatore delle graticole.

La biscia striscia sull'asse liscia
Ma se l'asse non è liscia
Dove striscia la nostra biscia
Tutta liscia con la striscia?

E, *dulcis in fundo*, eccoti lo scioglilingua più noto:

Se l'arcivescovo di Costantinopoli
si volesse arcivescovocostantinopolizzare
ti arcivescovocostantinopolizzeresti tu
per arcivescovocostantinopolizzare lui?

Abbiamo detto che gli stati d'animo influiscono sulla voce, in senso positivo ma anche negativo. In quest'ultimo caso per intervenire su una voce priva d'espressività o mordente, bisognerebbe agire sulla psiche, ma non è facile esercitare l'auto-controllo sulle proprie emozioni. Sarebbe opportuno, per quanto possibile, seguire il consiglio del grande Eduardo: "*Ha da passa' 'a nuttata!*", dopo di che possiamo sperare che gli avvenimenti causa di tristezza, malinconia, depressione, prendano una piega diversa, oppure che le nostre capacità di reazione acquistino nuova linfa e guariscano il nostro malessere interiore. Più avanti, in un prossimo lavoro, vedremo che esistono tecniche per realizzare una vera e propria ingegneria degli stati emozionali.

SEGRETO: Attenzione, però! Non sono soltanto ansia, stress, depressione, a influenzare la qualità della voce. Può succedere anche con alcuni alimenti.

Se devi esibirti al microfono di una radio o di un canale televisivo o se, in ogni caso, devi usare la voce a lungo per una conferenza, una lezione, è meglio che ti astenga dal mangiare carciofi. Ti allapperebbero, rendendoti difficile l'articolazione delle parole.

Non credere poi, se soffri di una minima dolenzia di gola, che le caramelle balsamiche alla menta e all'eucalipto siano un toccasana. Sono micidiali per le corde vocali. Ti toglierebbero la voce.

Naturalmente, nemmeno il fumo, l'alcool, le droghe, sia per inalazione che per bocca, sono consigliabili per mantenere sana la voce.

Ugualmente nefasti sono l'aria condizionata, l'inquinamento ambientale e il riscaldamento eccessivo, perché una riduzione del tasso d'umidità favorirebbe la secchezza del condotto orale e la voce risulterebbe forzata.

Un'altra controindicazione, per coloro che soffrono d'ernia iatale, è il rigurgito gastro-esofageo. La risalita degli acidi gastrici, a contatto con la gola, irrita le corde vocali e alterare l'emissione di voce.

Ci sarà ben qualcosa che farà bene alla voce, mi chiederai. Certamente. Se consideriamo che le corde vocali sono, in fin dei conti, anch'essi dei muscoli, qualsiasi prestazione vocale, come qualunque esercizio fisico, ha bisogno di un preventivo riscaldamento, quindi una bevanda tiepida, ma non bollente, tipo latte con miele, the, cacao, caffé americano, non può che fare bene.

SEGRETO: Consigliabile è bere molta acqua. Prendere la buon'abitudine, specialmente per chi parla molto o canta, di bere 2 litri d'acqua giornalieri idrata e lubrifica le mucose della faringe, rendendo più agevole l'emissione di voce.

Anche il metodo della nonna, del genere decotto d'erisimo o erba della cornacchia, usato in tempi passati contro la tosse e le affezioni della gola oppure il tanto decantato "burro e alici" dei cantanti, per quanto la medicina ufficiale non ne abbia mai autenticato l'efficacia, se pensi che diano sollievo, usali senza timore. Di sicuro non fanno male. A proposito delle alici, non è il pesce azzurro a far bene, è il loro condimento al sale che "anestetizzando" le mucose consentono ai cantanti exploit vocali non indifferenti.

Comportamenti da evitare da parte di chi usa la voce per il proprio lavoro:

1. **Consumare bevande calde dopo un uso prolungato della voce.**
2. **Parlare a lungo dopo un uso prolungato della voce (cena – occasioni mondane – conferenza stampa).**
3. **Bere alcol.**
4. **Raschiare o schiarire la voce (rilascio emozionale).**
5. **Tossire per liberarsi dal muco.**
6. **Coricarsi subito dopo il pasto.**
7. **Parlare a voce alta per sovrastare i rumori d'ambiente (strada – bar- discoteca).**

Conseguenze dei comportamenti da evitare:

1. **Aumento della vascolarizzazione locale, con aumento dei fenomeni d'infiammazione.**
2. **Sovraccarico del sistema, con impossibilità di soluzione rapida della vasodilatazione fisiologica.**
3. **Aumento dell'acidità gastrica con rischio di reflusso gastro-esofageo. Accrescimento dell'infiammazione da sforzo per azione vasodilatatrice diretta sulle mucose.**
4. **Azione traumatica diretta sulle corde vocali.**
5. **Azione traumatica diretta sulle corde vocali.**
6. **Rallentamento del passaggio gastrico con accresciuto rischio di reflusso gastro-esofageo.**
7. **Incapacità di autocontrollo acustico vocale con sovraffaticamento di intensità.**

Adesso tocca a te. Il prossimo brano sul quale dovrai esercitarti a leggere per allenarti nella corretta articolazione delle parole, è piuttosto difficile. È un pezzo tratto da un documentario medico. Rappresenta uno scoglio anche per i lettori più bravi. Certamente è solo un brano, non sono dieci pagine da leggere tutte filate.

Nell'occhio la più comune via di danno ossidativo è il danno fotochimico ossidativo: l'energia luminosa, soprattutto quella ultravioletta, può venire assorbita da molecole sensibili che reagiscono a particolari substrati o con ossigeno molecolare. La metaemoglobina può contribuire ai processi di perossidazione sia direttamente che tramite la liberazione di ferro. La luce che raggiunge la macula può danneggiare sia l'epitelio pigmentato che i fotorecettori e tra questi specialmente i coni che vengono stimolati dalla luce blu.

Tra le molecole sensibili a tali processi annoveriamo prima di tutto i lipidi polinsaturi di membrana, poi i citocromi, gli enzimi flavinici dei mitocondri, la riboflavina libera e altri ancora. Nella patogenesi della degenerazione maculare legata all'età ha un ruolo centrale il danno ossidativo a carico degli acidi grassi che compongono la membrana plasmatica, processo indicato come lipoperossidazione. L'esposizione a processi ossidativi però incrementa anche la concentrazione di fattori antiossidanti a scopo protettivo come i pigmenti maculari, gli enzimi antiossidanti e le vitamine C ed E.

La produzione di un potenziale elettrico da parte dei fotorecettori è la base della visione ed è garantita dall'interazione tra i fotorecettori e l'epitelio pigmentato retinico. Entrambe queste strutture sono composte da cellule che non vengono rinnovate, per cui diventa cruciale la sostituzione degli elementi strutturali e la difesa da fattori tossici. L'epitelio pigmentato retinico è la struttura chiave: consente infatti il passaggio degli elementi nutrizionali diretti ai fotorecettori e ne fagocita il segmento esterno consentendone il rinnovamento.

Se la membrana fotorecettoriale contiene lipidi perossidati, cioè danneggiati, la fagocitosi viene incrementata. Non si sa se l'accumulo di lipofuscina sia causato da una disfunzione dell'epitelio pigmentato retinico, se sia il prodotto di un metabolismo alterato dei vacuoli fagosomici o autofagi, se sia il prodotto di un metabolismo normale di membrane fotorecettoriali aberranti danneggiate oppure sia tutte queste cose insieme.

RIEPILOGO DEL CAPITOLO 5:

- SEGRETO n. 1. Se hai fatto pratica con la respirazione diaframmatici e hai seguito la corretta impostazione della voce con il bilanciamento delle casse armoniche, un primo obiettivo dovresti averlo ottenuto: un registro vocale pieno, corposo, rotondo.
- SEGRETO n. 2. Gli esercizi di ortofonia dovrebbero essere fatti ogni giorno e più volte durante la giornata. Soltanto in questa maniera potrai essere certo di ottenere i risultati auspicati.
- SEGRETO n. 3. Una buona sillabazione è la prima regola per una altrettanto buona articolazione.
- SEGRETO n. 4. Non sono soltanto ansia, stress, depressione, ad influenzare la qualità della voce. Può succedere anche con alcuni alimenti.
- SEGRETO n. 5. Consigliabile è bere molta acqua. Prendere la buona abitudine, specialmente per chi parla molto o canta, di bere 2 litri d'acqua giornalieri idrata e lubrifica le mucose della faringe, rendendo più agevole l'emissione di voce.

6° GIORNO:

Come utilizzare la migliore dizione

Finora abbiamo parlato soltanto di fonetica, di ortofonia e di ortoepia, cioè dei corretti suoni (fonemi) delle singole lettere, delle sillabe, delle parole secondo i processi delle loro articolazioni individuali. Adesso introduciamo un nuovo capitolo nel mondo ancora in gran parte inesplorato della lettura: la dizione.

Per dizione intendo il modo di esprimersi, nel nostro caso: di leggere in conformità al testo che si ha sotto mano. A qualsiasi tipologia appartenga, sia esso un pezzo scientifico o naturalistico o storico o di costume, il testo obbedisce a delle regole di sintassi e di stile uguali per tutti.

SEGRETO: Scelta dei vocaboli a parte, è la punteggiatura che definisce in qualche modo lo stile dello scritto.

Quei minuscoli segni grafici che corredano qua e là il testo stampato o scritto a penna, sono tanto importanti da determinare la sequenza delle pause logiche del discorso, da sottolineare la rilevanza di un periodo rispetto ad un altro, di una parola rispetto ad un altra, da suggerire una modulazione di voce in un senso o in un altro.

SEGRETO: In ambito puramente grammaticale la punteggiatura ha uno scopo preciso: quello di dare un senso logico al discorso.

Che la punteggiatura fosse un'arte lo sapevano bene i grammatici di qualche secolo fa. Nel '500 ci fu appunto qualcuno, Orazio Lombardelli appunto, che dedicò all'argomento un poderoso trattato, intitolato *Dell'arte di puntare gli scritti.* La costruzione del testo, e quindi l'inserimento logico delle cesure convenzionali, chiamate segni d'interpunzione, non segue le stesse procedure nel parlato e nello scritto.

Le unità del parlato – questo è il settore che c'interessa - sono governate dall'intonazione e intervallate da motivazioni logiche ma anche interpretative. L'interpunzione logica che trovi nello scritto dà indicazioni sulla struttura delle frasi e sulla loro connessione sulla base delle regolarità sintattiche. Se dobbiamo leggere uno scritto a voce alta, il nostro primo approccio è quello di esaminare la punteggiatura dal punto di vista delle cadenze di fiato.

SEGRETO: Ricorda sempre, tuttavia, nell'analisi della punteggiatura di uno scritto che "l'occhio non respira", e che quindi c'è sempre la necessità di distinguere la scrittura dall'oralità, a meno che lo scritto non sia destinato esclusivamente alla lettura e allora il testo deve ubbidire a precise regole di chiarezza e semplicità.

Il punto (.) è il segno principe. Con esso termina un discorso e ne comincia un altro. Dal punto di vista sintattico il punto stabilisce la fine di una frase, di un periodo, di un intero testo.

Elemento frequente nelle epigrafi latine, aveva come valore semantico la chiusura, da intendere come linea di demarcazione tra la parola e il silenzio. E' in fondo lo stesso concetto espresso da Wassily Kandinsky, per il quale il punto geometrico è da intendersi come "*entità immateriale che ha trovato la sua forma materiale [...] nella scrittura - esso appartiene al linguaggio e significa silenzio*".

E' in presenza del punto che possiamo riempirci i polmoni d'aria. Dal punto di vista della lettura, davanti al punto la tonalità di voce deve essere conclusiva.

Il punto e virgola (;) offre l'opportunità di una pausa meno risolutiva del punto, ma è pur sempre l'occasione di una buona presa di fiato. In generale, è utile per staccare dalla frase principale una serie di proposizioni secondarie di sostegno al concetto espresso dal primo periodo. Eccoti un esempio tratto da "*Il Gattopardo*" di Giuseppe Tomasi di Lampedusa. Il brano è formato da una serie di periodi separati dal punto e virgola, proprio perché non c'è alcun'interruzione sul piano del contenuto.

Non che fosse grasso: era soltanto immenso e fortissimo; la sua testa sfiorava [...] il rosone anteriore dei lampadari; le sue dita sapevano accartocciare come carta velina le monete da un ducato; e fra villa Salina e la bottega di un orefice era un frequente andirivieni per la riparazione di forchette e cucchiai che la sua contenuta ira, a tavola, gli faceva spesso piegare a cerchio.

Anche davanti alla virgola (,) - dal latino, *piccola verga* - è possibile prendere brevemente fiato, ma, come vedremo, non sempre è così.
Il punto, il punto e virgola e la virgola tra le loro caratteristiche hanno anche quella del cambio di velocità. Mi spiego meglio con un esempio. Riesci ad afferrare la differenza tra questi tre brani?

Nel vedersi sfuggire la preda, Massimo fu costretto ad una frenata e ad un'altrettanta brusca retromarcia. Una nuvola di fumo acre si alzò dagli pneumatici sollecitati con tanta violenza. Con un ruggito del motore, la Land Rover s'inoltrò a velocità nel viottolo. Sfiorò arbusti e rami. Sobbalzò negli affossamenti del terreno. Slittò sul brecciolino, ma guadagnò terreno.

Nel vedersi sfuggire la preda, Massimo fu costretto ad una frenata e ad un'altrettanta brusca retromarcia; una nuvola di fumo acre si alzò dagli pneumatici sollecitati con tanta violenza; con un ruggito del motore, la Land Rover s'inoltrò a velocità nel viottolo; sfiorò arbusti e rami; sobbalzò negli affossamenti del terreno; slittò sul brecciolino, ma guadagnò terreno.

Nel vedersi sfuggire la preda, Massimo fu costretto ad una frenata e ad un'altrettanta brusca retromarcia; una nuvola di fumo acre si alzò dagli pneumatici sollecitati con tanta violenza, con un ruggito del motore, la Land Rover s'inoltrò a velocità nel viottolo, sfiorò arbusti e rami, sobbalzò negli affossamenti del terreno, slittò sul brecciolino, ma guadagnò terreno.

Sono sicuro che, leggendo ad alta voce i tre brani, ti sarai accorto che l'unica differenza sta nella velocità di lettura. Nel primo caso i periodi sono separati da un punto ed è ovvio che, se dobbiamo rispettare le indicazioni di base di questo segnale d'interpunzione, la lettura ne risulterà lenta e cadenzata. Il punto e virgola dà al passo una lieve accelerata, ma siamo ancora nei limiti di una velocità da crociera. La virgola, invece, imprime al brano una velocità vertiginosa, adatta alla descrizione di un'auto lanciata all'inseguimento.

Nello scritto come nel parlato, l'alternanza tra frasi lunghe e frasi brevi è un artificio utile a creare tensione e suspense. È utile a tenere desta l'attenzione del lettore come dell'ascoltatore. Se vuoi mantenere alta la tensione di un discorso, è consigliabile utilizzare periodi brevi alternando virgole e punti. Da questo punto di vista resta mirabile l'esempio degli spot e delle schede di Mixer, la fortunata trasmissione televisiva di Giovanni Minoli.

Un giallo della storia, un intrigo della politica, un dramma della cronaca, un affaire per la diplomazia. Hanno ucciso monsignor Romero. Dal Salvador un monito, un avvertimento, la storia di un assassinio nato dal conflitto di due schieramenti opposti.
Quando la politica diventa fazione, quando la storia la scrivono idee contrapposte, quando un paese naufraga nell'estremismo. La religione

come baricentro di speranza, l'impegno come obiettivo di riconciliazione. Racconto di una vita che ha dato fastidio, analisi di una morte che ancora permette di lottare. Questa sera a Mixer...

E' un brano tratto dallo Spot di Mixer del 23 aprile 1994. Come quasi tutti gli spot di Mixer anche questo brano è stato scritto da Stefano Rizzelli.

La virgola è un segno grafico che ha un preciso valore semantico. Assume un'importanza fondamentale per dare intelleggibilità ad una frase.

Franco è arrivato Alessandro

E' necessario l'uso della virgola per isolare il vocativo.

Franco, è arrivato Alessandro

oppure

Franco è arrivato, Alessandro

Sul gioco della virgola si basavano i famosi quanto contraddittori responsi degli oracoli:

Ibis redibis non morieris in bello.

Per chi non ha studiato il latino sarà opportuno tradurre il celebre responso della Sibilla cumana: "*Andrai ritornerai non morirai in guerra*". Il problema sta tutto nella presenza della virgola prima o dopo il "non". Nel primo caso il coscritto salva la pelle, nel secondo "redibis non", non ci sono speranze di un suo ritorno.

In altre frasi la presenza o meno della virgola determina significati diversi. Qual è, secondo te, il significato di queste due frasi, a prima vista analoghe?

Non ha recitato come gli spettatori si attendevano.

Oppure

Non ha recitato, come gli spettatori si attendevano.

Nel primo caso la virgola influisce sul significato di *come*. Se non è preceduto dalla virgola, "*come*" vuol dire "*nel modo in cui*". Di conseguenza il significato della prima frase è: non ha recitato nel modo in cui gli spettatori si attendevano. In presenza della virgola, invece, il significato possibile è un altro: non ha recitato – e gli spettatori si attendevano che non recitasse.

Uno dei luoghi comuni che sembra difficile scalzare è quello secondo il quale davanti alla congiunzione non deve andare la virgola. Non è affatto vero, per esempio nella frase che segue la virgola è consentita:

Ecco Daniele, Nicoletta, Antonio, e Alessandra che arriva di corsa.

La virgola compare davanti alla "e" quando serve come strumento di separazione per sciogliere ambiguità di senso.
La Corte costituzionale giudica [....] sui conflitti di attribuzione tra i poteri dello Stato, e su quelli tra lo Stato e le Regioni, e tra le Regioni [....]

Leggiamo insieme il brano che segue.

Le tre grandi piramidi di Gizah, note come quelle di Cheope Chefren e Micerino, sono l'unica delle sette meraviglie del mondo antico ancora esistenti. Il Colosso di Rodi, il Faro d'Alessandria, i Giardini pensili di Babilonia, la statua di Zeus ad Elide, che è opera di Fidia, il Tempio di Diana ad Efeso, la tomba di Mausolo ad Alicarnasso, sono scomparsi nel corso dei secoli, ne sono passati più di venti, senza lasciare tracce.

Nel caso della prima incidentale, *note come quelle di Cheope Chefren e Micerino*, la breve pausa di fiato iniziale e finale e il conseguente abbassamento del tono di voce evidenzieranno, separandoli dal contesto generale del periodo i tre faraoni della IV dinastia costruttori delle tre piramidi, viste quest'ultime non separate ma in una visione totale.

Simile alla prima è la seconda incidentale (chiamata "relativa appositiva", nel senso che aggiunge un'informazione, peraltro sopprimibile nel contesto), *che è opera di Fidia*: la voce sottolinea con il cambio di ritmo che la statua di Zeus è opera del grande scultore ateniese Fidia, costruttore anche del Partenone. Attenzione, però: l'elencazione non deve essere letta come se fosse una lista della spesa, *sono andato al supermercato e ho acquistato quattro porri, due finocchi, tre carciofi, due cetrioli, cinque melanzane, ecc.*

Ogni meraviglia deve essere scandita. Non tutti ricordano quali erano le sette meraviglie, quindi bisogna lasciare il tempo di una breve riflessione. Dopo l'enunciazione dell'elenco, la voce, dopo una pausa, cala di tono per dire: ne sono passati più di venti; per poi salire di nuovo. Questa volta senza pausa, nonostante la presenza della virgola. C'è una ragione semplicissima per questo. Se facciamo una pausa prima di pronunciare l'inciso, cambia il significato: non più "*sono scomparsi... senza lasciare tracce*", bensì sono i secoli che sono passati senza lasciare tracce. Attenzione quindi all'interpretazione corretta.

I due punti (:) hanno una funzione sintattica precisa: servono a "introdurre" qualcosa che dipende dalla frase precedente e ne completa il significato. Determinano anch'essi una pausa ma breve, dato che la voce, in attesa della spiegazione innescata dai due punti, ha lasciato in sospeso il periodo precedente.
Sono stanco morto: ho guidato per sette ore senza interruzione.

Prima di un elenco che contribuisce a spiegare un elemento della frase principale.
Approfittando del pomeriggio libero sono andato in libreria e ho acquistato un intero stock di libri: un thriller, un giallo di Camilleri, un vecchio romanzo di fantascienza di Asimov e due saggi sulla comunicazione.

N. B.: avvertenza per chi scrive: se l'elenco dipende da un verbo, i due punti non si mettono. Ho acquistato un thriller, un giallo, ecc.

I due punti servono anche per passare dal discorso indiretto a quello diretto. *Patrizia non ebbe dubbi nel rispondere: "Sarai mica pazzo? Non ho nessuna intenzione di salire sulle montagne russe".*

Le virgolette (" "), come abbiamo appena visto, impiegate sempre in coppia, delimitano un discorso diretto (al pari della lineetta (-) o dei gradi di caporale (<< - >>), ma non solo. Sono usate anche per riportare frasi e concetti di un'altra persona che non sia lo scrivente (es.: *"Ancora non so quello che farò il prossimo anno" ha dichiarato Alex Del Piero parlando con i giornalisti*), oppure per sottolineare determinate parole (*L'attinia vive in perfetta "simbiosi" con il paguro*) oppure ancora per mettere in rilievo il titolo di un'opera (*Tom Hanks è il protagonista del "Codice da Vinci" di Ron Howard*). L'unico modo che abbiamo per evidenziare il virgolettato (le lineette, i gradi), è una breve pausa prima delle virgolette. Ripeto, è sufficiente una breve pausa, non occorre puntualizzare o sottolineare con il tono di voce.

Oggi più che mai è da apprezzare la soluzione scelta da Albert Einstein, il grande scienziato ebreo tedesco, esule negli Stati Uniti, che sul modulo d'immigrazione, a fianco della domanda "A quale razza appartiene?" scrisse: "Alla razza umana".

N. B.: allo stesso modo che davanti al virgolettato ci si deve comportare davanti al corsivo, che nell'uso giornalistico segnala le citazioni di parole e frasi.

Il trattino (-) si usa per circoscrivere un inciso quando una semplice virgola non costituirebbe un chiaro stacco: - *Accordo o me ne vado - ha dichiarato il primo ministro - e a gennaio avremo la crisi*. In questo caso, lo stacco non è creato tanto dalle pause che delimitano i due trattini quanto dal calo di voce che mette in risalto l'inciso.

Le parentesi [()], delimitano anch'esse un inciso, ma non così importante da imporre una pausa d'intonazione. *Beccacivetta (in provincia di Verona) si trova sulla provinciale per Mantova.* In un certo modo, le parentesi producono effetti polifonici: intrecci di voci o di toni. Nello scritto attuano passaggi dal "mondo narrato" al commento da parte del narratore, che s'intromette facendo sentire la sua voce.

Don Abbondio (il lettore se n'è già avveduto) non era nato con un cuor di leone.

I puntini di sospensione (...), come dice chiaramente il nome, interrompono la frase lasciando in sospeso il finale di parola. *Giunto a casa trovai mio figlio...* Se leggessi questa semplice frase con la chiusura sull'ultima sillaba, chiunque mi ascolti penserà giustamente che il concetto espresso sia concluso. Evidentemente, può dedurne, è normale che tornando casa trovi mio figlio intento, per esempio, a fare i compiti.

Se, però, leggessi la frase tutta d'un fiato e m'interrompessi di botto dopo avere articolato la parola figlio, avrei procurato come minimo un sobbalzo al mio ascoltatore, il quale si chiederebbe quanto meno che cosa abbia combinato il mio figliolo. E' esattamente questo il risultato voluto dai puntini di sospensione. Talvolta i puntini possono essere definiti di esitazione per preparare il lettore ad un motto di spirito, ad un doppio senso, ad un gioco di parole:

se non è di bufala è... una bufala.

Talvolta però, la punteggiatura dello scritto dà istruzioni anche riguardo all'intonazione. Il punto esclamativo (!) è una di queste e si usa al termine di frase per indicare interiezioni (*ah!, boh!, mah!, salute!, salve!, accidenti!, etc.*), locuzioni esclamative (*Dio ce ne scampi e liberi!, che diamine!, per amor del cielo!, ecc.*). Dal punto di vista paraverbale, sarà il caso, per ottenere l'effetto esclamativo, che tu tenga aperta l'ultima sillaba in modo che il tono tenda verso l'alto. Considera, tuttavia, che se i puntini di sospensione mantengono sottotraccia l'emozione, il compito del punto esclamativo è invece quello di esprimere l'emozione nella sua interezza:

È una pazzia bella e buona! Non ci sto!

Anche il punto interrogativo (?) è un classico segno d'intonazione che posto in finale di frase serve a concludere una domanda diretta.

N. B. *Tu resti qui. Tu resti qui? Tu resti qui! Tu resti qui?!* Sono quattro enunciati in cui i quattro segni d'interpunzione suggeriscono quattro intonazioni diverse. La prima assertiva; la seconda interrogativa; la terza un comando; la quarta sorpresa o incredulità.

Il punto di domanda si evidenzia con l'appoggiatura della voce sulla sillaba tonica dell'ultima parola: in questo modo la voce tende ad andare verso l'alto con un piccolo svolazzo.

"*Dove vai in gita? Stai fuori sabato e domenica?*"

Attenzione, però, quando la domanda non è così diretta, ma anzi comporta una serie d'incisi e contro incisi, ti consiglio di non cadere nella tentazione dello svolazzo finale.

Sapete cosa disse Papa Giulio II a Raffaello il giorno che il grande pittore, di passaggio per Roma prima di andare ad Urbino, venne a trovarlo in Vaticano?

Altro esempio, ancora più lungo del precedente.
Cosa possiamo fare allora, per affrontare la nostra vita a contatto con le sostanze chimiche, quando le autorità e i politici ci dicono che i computer sono pericolosi, che le verdure sono piene di sostanze chimiche sintetiche e che non dobbiamo tinteggiare la stanza del bambino appena nato perché la vernice emette sostanze tossiche?

Oppure ancora:
Come comportarsi di fronte agli atteggiamenti arroganti di certuni, tipo quegli automobilisti che non si curano minimamente di coloro che transitano sulle strisce o vogliono avere sempre ragione perché provengono da destra oppure, ancora, di coloro che solo perché

indossano una divisa, si arrogano il diritto di abusare dei loro poteri, dimenticandosi di essere loro al servizio dei cittadini e non viceversa?

In tutti questi casi sappiate che è molto meglio limitare l'interrogativo, nella prima circostanza, *al sapete?* E nella seconda, *al cosa possiamo fare?*, e nella terza, al *come comportarsi?* Non terminate l'intera frase con quell'orribile svolazzo finale tanto fastidioso. È preferibile concludere il periodo con un bel punto.

Un discorso a parte merita il punto finale di una qualsiasi lettura. L'ultima frase che conclude il discorso deve sempre essere, perdona il gioco di parole, conclusiva. L'ascoltatore deve poter capire che la tua lettura è terminata e non seguiranno altre parole.

Prova contare fino a dieci. Ti renderai conto da solo che in prossimità del numero finale, il ritmo di voce, sul nove, tenderà a rallentare per dare un tono conclusivo alla sequenza di numeri. Puoi esercitarti ottenendo il medesimo risultato nell'enumerare i mesi dell'anno o i giorni della settimana.

Al termine dell'esercizio, prova a dare un tono conclusivo a questa frase:

La medicina possiede le armi per combattere il dolore inutile, ma per utilizzarle al meglio è indispensabile l'avvento di una vera e propria rivoluzione culturale. In altre parole, soltanto un'alleanza terapeutica tra medici illuminati e pazienti consapevoli potrà davvero un giorno sconfiggere il dolore nelle sue forme più aggressive.

Ripeto: per dare il tono conclusivo è sufficiente fare una piccola pausa intenzionale prima delle ultime parole.

Sulla base di ciò che hai imparato, prova a dare ritmo logico alla lettura di notizie radiofoniche. Abbiamo detto che in ambito grammaticale i segni d'interpunzione hanno lo scopo soprattutto di dare un senso logico al discorso.

Una lettura imparziale, senza cioè alcuna coloritura che testimonierebbe il coinvolgimento emotivo del lettore, quale potrebbe essere quella di un notiziario radio o tivù, trova il suo fondamento nel tono logico. Il lettore di notizie è solo il tramite attraverso il quale la notizia viene diffusa.

Prova a leggere i brani che seguono come se fossero, e lo sono, notizie del giornale radio. Attieniti alle regole dettate dalla punteggiatura e otterrai una corretta comunicazione.

Colorado. Irrompe in un liceo, spara e poi si uccide. Una studentessa è stata gravemente ferita ieri durante un'irruzione nel liceo Platte Canyon di Bailey in Colorado. La bravata si è conclusa con l'assalto delle forze speciali di polizia e il suicidio del sequestratore.

Germania. Merkel: un errore cancellare Mozart. Il cancelliere tedesco Angela Merkel ha giudicato un errore la cancellazione delle recite dell'Idomeneo di Wolfgang Amadeus Mozart dal cartellone della Deutsche Oper di Berlino per timore di reazioni risentite da parte di fondamentalisti islamici.

Un assalto aereo contro i guerriglieri delle Forze armate rivoluzionarie della Colombia ha provocato almeno 50 vittime. Il blitz è avvenuto sulla costa del Pacifico.

Con due udienze preliminari, si è aperto a Torino il più grosso processo in Italia per le Viacard falsificate. Nell'inchiesta sono indagate 93 persone per utilizzo fraudolento delle tessere e per ricettazione.

La Fiat torna sul mercato russo. In programma per oggi la firma di un accordo tra i vertici del Lingotto e quelli di un nuovo partner di Mosca. Lo ha annunciato lo stesso leader della Federazione russa Vladimir Putin nel corso dell'incontro con gli imprenditori italiani.

Ha guidato per circa 30 km contromano sull'autostrada A1, dal casello di Cassino a quello di Caianello, senza provocare incidenti. Una pattuglia della stradale, dopo essere stata avvisata da alcuni automobilisti, è riuscita a raggiungere l'auto e a fermarla. Alla guida c'era un pensionato di 75 anni risultato ubriaco al controllo dell'etilometro.

I brani che seguono appartengono al telegiornale. I tempi di lettura devono essere differenti.

"Come risolvere il problema di Cherie Blair?" È l'interrogativo sollevato dal Telegraph a due giorni dalle presunte esternazioni della ex first lady britannica su Gordon Brown, il successore del marito a Downing Street. Cherie avrebbe infatti accusato Brown di essere un bugiardo. Blair non avrebbe gradito e le cronache riportano di una pesante lite tra i due. La first lady avrebbe inoltre definito il discorso di Brown "un'autentica spazzatura".

Un nuovo scandalo si è abbattuto sul governo polacco guidato da Jaroslaw Kaczinski, già sull'orlo della crisi. Un parlamentare del partito di maggioranza è stato filmato mentre cercava di comprare l'appoggio politico di una deputata di Autodifesa, il partito populista uscito dal governo per protesta contro l'invio di truppe in Afghanistan. Le immagini, mandate in onda dall'emittente televisiva Tvn24, erano state girate con la complicità della parlamentare di Autodifesa, Renata Beger, che indossava una telecamera nascosta.

IL FRASEGGIO

Partiamo dal presupposto, immodesto da parte mia, che, grazie questi suggerimenti, tu sia diventato padrone della tua voce. Lo strumento che ti ha dato madre natura è perfettamente accordato e, quel che è più importante, non ha più segreti per te. Adesso dovresti essere in grado di suonarlo secondo le diverse partiture che potrebbero esserti proposte.

Secondo il *dizionario della lingua italiana* di Sabatini Coletti, il fraseggio è *il modo di articolare in modo espressivo l'esecuzione di un brano*. In altre parole, il primo compito del lettore è quello di afferrare il senso di ciò che va a leggere ad alta voce. Se non lo capisce appieno, sarà poi difficile, se non impossibile, renderlo comprensibile a chi ascolta. Gli elementi espressivi, contenuti nel testo, costituiti dagli accenti, dal flettersi delle intensità, dalle cesure sonore, suggeriti dalla punteggiatura per dare ritmo e coloritura alla lettura, apposti in prima istanza dall'autore dello scritto e in seconda istanza dal lettore, rendono comprensibili le singole frasi di un discorso inteso in senso armonico.

Purtroppo, non capita sempre che la punteggiatura sia posta nei giusti termini dall'estensore del testo di un documentario o di un servizio giornalistico, sia per noncuranza sia per la fretta, sempre cattiva consigliera. Il più delle volte è carente. Allora è il lettore stesso ad intervenire con propri segni grafici, in modo da dare più colore ed espressione a ciò che sta per leggere.

Le "*pause che si fanno nel parlare*" non trovano riscontri adeguati neppure negli scritti migliori. Prova, a titolo d'esempio, a trascrivere fedelmente con il corredo della punteggiatura che conosci un testo parlato. Ti renderai subito conto delle difficoltà cui vai incontro. Per parlare ma anche per leggere bene, i segni d'interpunzione in uso per lo scritto non sono sufficienti: bisogna introdurne altri che sembrano più adatti a rappresentare la scansione del discorso orale.

Quando ritieni di poterti prendere una sosta, sia per rifiatare che per dare una pausa logica al discorso, separa una frase dall'altra con una doppia cesura:	||
Quando la presa di fiato è breve e la sosta dà maggiore coloritura al ritmo di lettura, intervieni graficamente con una cesura semplice:	|
Quando, invece, la pausa è solo una intenzione della voce senza alcuna presa di fiato, segna una mezza cesura tra le parole:	/
Quando t'imbatti in un sostantivo seguito da uno o più aggettivi, specialmente se uno di essi fa parte della riga successiva, unisci le parole tra loro con un breve archetto:	∪
Quando t'imbatti in un inciso e ti accorgi che le virgole non sono sufficienti ad evidenziarlo, mettilo fra parentesi:	(-)
Quando incontri una o più frasi interrogative, fai come gli spagnoli (molto più furbi), i quali mettono un interrogativo capovolto ad inizio di frase. A te basta metterlo diritto:	?
Quando corri il rischio d'impastare le parole tra loro specie in prossimità di articoli e di preposizioni articolate (per esempio: *un noto nobiluomo, la forza della Lazio* e così via), sottolineale: sarà per te un segnale di pericolo.	___
Fai altrettanto con i vocaboli inusuali o di difficile articolazione che temi ti faccia sbagliare o interrompano il ritmo di lettura.	___
Se hai bisogno di aumentare il volume di voce per sottolineare una parola o una frase intera, usa questo segnale.	(+++)
Se hai bisogno per un effetto interpretativo di diminuire il tono, il segnale è questo.	

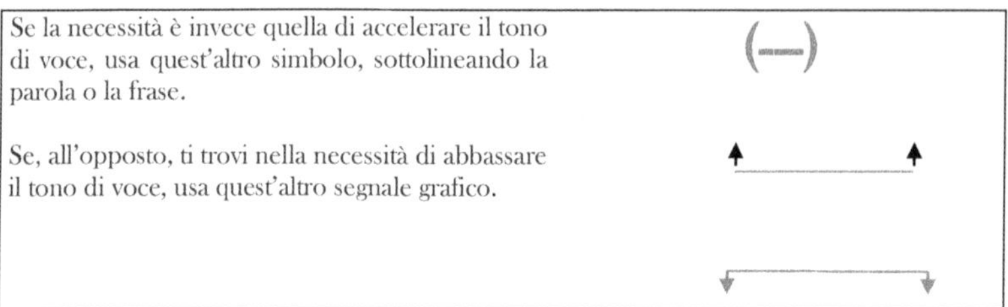

Se la necessità è invece quella di accelerare il tono di voce, usa quest'altro simbolo, sottolineando la parola o la frase.

Se, all'opposto, ti trovi nella necessità di abbassare il tono di voce, usa quest'altro segnale grafico.

Eccoti un esempio pratico:

In Marylebom Road, (più o meno all'altezza del famoso Museo di Madame Tussaud), un giovane alto, ∪ biondo, ∪ abbronzato, ∪ di corporatura atletica, [passeggiava nervosamente avanti ∪ e indietro sul marciapiedi, / incrociandosi / di tanto in tanto con un tipico personaggio della city londinese: / il bobbie. //
Non è da dire, tuttavia, che quest'ultimo si curasse molto ∪ d'imprimersi nella memoria le fattezze ∪ e la sagoma del compagno di ronda, [perché, ∪ con la spiccata tendenza data dal mestiere ∪ a classificare gli individui ∪ a colpo d'occhio, [aveva catalogato ∪ il giovane dottor Hoffmann, / (di stanza come lui dinanzi all'ingresso del Museo delle cere), [tra i gentlemen ∪ in attesa di ragazza ∪ in ritardo. // Mai induzione avrebbe potuto essere più azzeccata di quella, [(perché, infatti, di lì a poco), sopraggiunse la ragazza [e poco importò che non avesse previsto il suo

arrivo ∪ a bordo di una minuscola vettura ∪ giapponese / che si bloccò con uno stridio di freni / a metà strada tra lui ∪ e il giovane in attesa. //

Naturalmente, questi segni convenzionali sono del tutto personali. Potresti aggiungerne altri, sia per evidenziare eventuali rischi che appartengono alla tua sfera d'insicurezze, sia per coloriture della lettura che riguardano la tua particolare sensibilità artistica.

N. B. Nell'esercitazione che segue metti la punteggiatura vocale che ritieni più opportuna e leggi i brani secondo il ritmo che gli hai dato.

L'uomo saliva la ripida gradinata di pietra. I suoi passi, lenti e cadenzati, facevano presa sul granito con un fruscio che per quanto lieve spezzava il silenzio secolare dei ruderi. Quando raggiunse la sommità, una sottile cresta rocciosa, il panorama lo lasciò senza fiato. Sotto di lui pulsava il cuore di un mondo di pietra, inerpicato su uno stretto crinale di roccia, all'ombra di guglie inaccessibili e sospeso nel vuoto fra precipizi paurosi.

Un mondo di pietra, emerso da un passato leggendario e tuffato in un'atmosfera magica, rarefatta, fuori del tempo. Era Machu Picchu, la città santuario eretta dai Quechua per il culto del sole e rivelata ai moderni da Hiram Bingham agli inizi del secolo.

Con lo sguardo smarrito e diviso fra l'ipnotica e quasi oppressiva bellezza del paesaggio andino e l'enigmatico incanto che scaturiva dalle vestigia, Guido Velani si lasciò sommergere da un'ondata di emozioni. Gli riaffiorò alla mente la bizzarra analogia, già messa in luce da Freud, fra archeologia e psicanalisi. Entrambe tendono a ripristinare una verità originaria, sepolta sotto i detriti di un passato dalla memoria spesso inesistente o deformata. Per l'una come per l'altra, gli indizi possono essere così frammentari che, non di rado, senza un codice d'interpretazione, finiscono per rappresentare un muro invalicabile persino per l'analisi più acuta e minuziosa.

Se è un problema complesso ricostruire tessera per tessera il mosaico della personalità di un singolo individuo, ancora più ardua si presenta l'impresa di stabilire, tappa per tappa, il cammino evolutivo del primate uomo. Anche il più spregiudicato indagatore dei tempi moderni finirebbe per restare invischiato nella ragnatela della logica scientista e quindi subito disorientato dal dedalo dei troppi interrogativi senza risposta, degli enigmi indecifrati, dei problemi irrisolti.

Chi ha edificato il megalitico santuario di Stonehenge? Perché ad un certo punto della storia umana, nel medesimo periodo e in zone tanto diverse fra loro, erano comparsi i menhir, i dolmen, i cromlech? Chi ha scolpito i colossali monumenti dell'isola di Pasqua? Perché nessuno è mai riuscito ad identificare i geniali costruttori di Tiahuanaco? Quale segreto si cela nella piramide di Cheope? Perché esistono tante misteriose analogie fra civiltà così diverse e distanti fra loro?

Velani ridiscese i gradini di quella che pareva essere l'arteria principale di Machu Picchu. Il gran numero di scale era forse l'elemento più caratteristico della cittadella. Ne aveva contate almeno un centinaio, fra grandi e piccole. Alcune avevano rampe di sei-otto gradini intagliate in un unico monolito.

Era la prima volta che visitava una città andina e si sentiva pieno d'ammirazione per ciò che avevano realizzato gli antichi Quechua. Templi, piazze, rampe di scale, edifici pubblici e privati, si addensavano in uno spazio ristretto ed erano sospesi sui versanti della montagna grazie a ingegnose opere di terrazzamento. Edificare un'intera città su una giogaia fra strapiombi profondi centinaia di metri, era stata un'opera colossale. Con l'unico ausilio di strumenti di pietra o al massimo di bronzo, la costruzione di Machu Picchu doveva aver richiesto la fatica di migliaia di uomini e intere generazioni. [1]

[1] ** *Tratto dal romanzo "La Città del Serpente" di A.Lori [n.r.].*

RIEPILOGO DEL CAPITOLO 6:

- SEGRETO n. 1. Scelta dei vocaboli a parte, è la punteggiatura che connota lo stile di uno scrittore.
- SEGRETO n. 2. In ambito puramente grammaticale la punteggiatura ha uno scopo preciso: quello di dare un senso logico al discorso.
- SEGRETO n. 3. Ricorda sempre nell'analisi della punteggiatura di uno scritto che "l'occhio non respira", e che quindi c'è sempre la necessità di distinguere la scrittura dall'oralità, a meno che lo scritto non sia destinato esclusivamente alla lettura e allora il testo deve ubbidire a precise regole di chiarezza e semplicità..
- SEGRETO n. 4. Se dobbiamo leggere uno scritto ad alta voce, il primo approccio è quello di esaminare la punteggiatura dal punto di vista delle cadenze di fiato.
- SEGRETO n. 5. Attenzione ai punti interrogativi! Non cadere nella tentazione dello svolazzo finale. E' sgradevole per chi lo ascolta.

7° GIORNO:

Modulare la voce per comunicare bene

La squadra della Roma va in visita a un orto botanico. Al cospetto di alberi e piante di straordinaria varietà, i calciatori di Spalletti girano interessati per i vialetti del giardino. Ad un tratto, i compagni si accorgono che Francesco Totti non è con loro. Lo cercano e infine lo trovano arrampicato in cima ad un albero.

"Ehi, Francesco, come mai sei finito lassù?" gli chiede Spalletti.

E Totti risponde:

"Ho visto scritto Salice e io ce s'ho salito!"

Se possiedi un minimo di senso dell'umorismo, immaginandoti la scena, ti sarà scappato almeno un mezzo sorriso nel leggere questa barzelletta.

Bene, adesso ti domando: saresti in grado di ripeterla ad un gruppo d'ascoltatori? Forse davanti ad un familiare o agli amici, non avresti alcun timore. Di fronte ad un pubblico d'estranei, soprattutto se non sei un esibizionista, avresti delle difficoltà. Mi sai dire perché? Probabilmente, mi risponderesti, ciò capita per colpa di un attacco d'ansia strettamente collegato al timore di metterti in gioco davanti ad un pubblico. Lasciamo da parte per adesso l'ansia da prestazione, lo vedremo in un ebook successivo quando scriveremo della gestione dello stress. Analizziamo invece la vera difficoltà di comunicazione cui andresti incontro senza alcuna preparazione in merito.

Se ci pensi bene, la barzelletta rappresenta un banco di prova non indifferente; raccoglie in sé i tre livelli della comunicazione che sono le parole, come le dici e il linguaggio non verbale dei gesti e se non sei in grado di darne una lettura coordinata e congruente, dubito che raggiungeresti il risultato auspicato, vale a dire quello di far ridere.

Ammetterai che il contenuto della barzelletta appena letta è di per se stesso divertente, ma quanti sono coloro che, pur disponendo di una battuta esilarante, riescono a rovinarne l'effetto sbagliando tempi e ritmi? Ecco che proprio nella barzelletta l'aspetto più importante, immediatamente compreso dall'ascoltatore, è quello paralinguistico, fatto di toni, pause, accelerazioni, decelerazioni, volumi, ritmo, colore.

Il nostro cervello lavora con entrambi gli emisferi: quello di sinistra sovrintende alle operazioni logiche, all'articolazione del linguaggio, alla respirazione, alla fonazione, all'amplificazione dei suoni, mentre quello di destra è deputato, alla creatività, all'immaginazione, all'espressività del linguaggio, in ultima analisi all'aspetto paraverbale e analogico del nostro modo di esprimerci. Da ciò consegue che possedere una voce bene impostata non è sufficiente, occorre che abbia anche mordente e sia espressiva.

SEGRETO: Per qualsiasi messaggio che vuoi comunicare, è necessaria l'informazione logica, non meno dell'emozione trasmessa da una voce ricca di colore e sfumature.

Mentre parliamo ad un familiare, ad un amico, specialmente se gli raccontiamo un episodio, un'esperienza, che ci ha coinvolto emozionalmente, la nostra voce varia più volte di tono, con il risultato di non essere mai monotona.

SEGRETO: Passare da un tono all'altro di voce significa modulare.

Imparare a modulare la voce vuol dire darle vivacità, non essere monocordi mentre si parla, in altre parole, non essere noiosi, monotoni.

Non dirmi che hai dubbi sulla tua capacità di modulare la voce. Metti da parte qualsiasi pensiero negativo e se proprio non puoi fare a meno di fare il profeta di te stesso, impara a profetizzare positivo. Devi mettere in condizione il tuo cervello di agire in senso costruttivo, non distruttivo. Ricordati sempre che:

IL CERVELLO ATTUA SOLO CIO' CHE SA

Se riempi la tua mente d'immagini negative del tipo "*non ci riuscirò mai*", "*non ne sarò capace*", "*mi rideranno dietro*" o peggio, non farai altro che preparare la strada all'ennesimo risultato negativo. Zittisci la Cassandra che è dentro di te e segui il mio ragionamento.

Giunti a questo punto, la tua voce, il tuo strumento musicale, non dovrebbe più avere segreti per te. Hai imparato a respirare in maniera corretta, hai impostato il registro vocale secondo il giusto bilanciamento delle armoniche. Se esistevano minime disfonie, le hai superate con gli esercizi d'ortofonia. Infine, grazie ad una corretta articolazione, alla pienezza del tuo timbro di voce hai aggiunto la chiarezza. Ti manca ancora la sicurezza, ma, stanne certo, ti arriverà quando conquisterai la totale padronanza delle tecniche di comunicazione. Adesso fai scattare il registratore e leggi ad alta voce il seguente brano, ricordandoti di leggere senza ascoltarti, ma cercando di capire ciò che leggi. Usa un tono di voce normale, solo giustamente timbrato.

Non era un sogno ma un vero incubo. Una mosca. Mi ero tramutato in un ributtante insetto, nero e tronfio, invischiato in una tela di ragno. Una ragnatela che non era formata di sottili filamenti setosi, ma di funi robuste, appiccicose, che m'impedivano ogni movimento. Avevo provato a divincolarmi, a scrollarmi di dosso quegli orribili legami che mi tenevano imprigionato, ma avevo finito col trovarmi completamente immobilizzato. Stavo cercando di riprendere fiato quando avevo udito il suono. Una vibrazione quasi indistinta, eppure penetrante. Tremula come il ronzio pavido di un'ape al suo primo appuntamento con un tulipano. Il suono si fece strada nel buio delle sinapsi. Il sipario di tenebra si smagliò in barbagli di luce.

Adesso, ferma il registratore e riascolta la tua lettura secondo i parametri vocali che hai imparato a conoscere: pienezza, chiarezza, sicurezza.
Sei soddisfatto di te? Bene, adesso rileggi il brano, cercando di passare da un ritmo logico di lettura ad un ritmo espressivo. Gioca, insomma, con la voce, passa da un'intonazione all'altra, da una vibrazione all'altra, dai, in altre parole, mordente emotivo alla tua lettura.

Mi spiego meglio: quando leggi un libro, se l'autore, grazie alla sua abilità narrativa, è riuscito a far presa su di te, t'immedesimi nelle avventure del protagonista tanto da lasciarti coinvolgere non soltanto dalla sequenza d'immagini che si dipanano come in un film nella tua mente, ma anche dalle emozioni vissute dal protagonista stesso. Ebbene, ciò che l'autore è riuscito a compiere con un'oculata scelta di vocaboli, una precisa struttura sintattica, in una parola, con il suo talento di narratore, tu devi essere in grado di farlo con la tua abilità interpretativa vocale.

Cosa dici? Che non sei un attore, che sei interessato a leggere questo ebook soltanto per imparare a parlare in pubblico e non per recitare su un palcoscenico? Lo so, ma se desideri essere convincente, qualunque sia il messaggio da affidare ad un pubblico, devi saper far leva sulle tue potenzialità espressive e vocali per creare suggestione e guadagnarti il consenso dei tuoi ascoltatori. Cosa significa questo se non recitare come e più di un attore?

Il problema è un altro. Non è quello di saper recitare o no. Nella vita d'ogni giorno tutti recitiamo. Quando vogliamo persuadere qualcuno, amico, familiare, cliente, della bontà di una nostra iniziativa, recitiamo, eccome se recitiamo! Difficile semmai è recitare a freddo un copione che non è nostro e che pensiamo non appartenga alle nostre corde. La difficoltà, tuttavia, sta solo nel non piccolo dettaglio che non ne conosciamo la tecnica.

"*Buonasera*". Pensa a quante volte hai ripetuto questa brevissima frase nella tua vita. Infinite. Adesso pensa con quante intonazioni puoi dirla. Trascrivi su un foglio di carta una qualsiasi emozione con la quale sei in grado di pronunciare una semplice frase augurale come: "Buonasera!"

Adesso prova a pronunciare il saluto secondo lo stato d'animo prescelto. Difficile? Non tanto, se pensi che quelle emozioni trascritte sul foglio di carta le conosci bene. Quante volte hai provato rabbia, noia, indifferenza, interesse, dolcezza, affetto, ironia, sarcasmo, sorpresa, freddezza, eccitazione, frenesia, ansia e via discorrendo?

Ripensa a quella sera in cui hai incontrato per la prima volta la donna o l'uomo della tua vita, come hai detto quel "Buonasera"? Oppure ripensa a quel giorno in cui ti sei ritrovato il bagno allagato per una perdita al tubo del lavandino ed è arrivato l'idraulico che avevi già dato per disperso. Com'è stato quel "Buonasera"?

Ecco, immagina il sottotesto di quel saluto e pronuncia il "buonasera" di conseguenza. Per esempio:

Lasciami in pace, non voglio vedere nessuno!
Era ora che ti facessi vedere!
Ecco un altro scocciatore!
Non avrei voluto incontrare altri che te!

Tutto qui. Semplice come bere un bicchier d'acqua. O meglio, sarebbe semplice per chi è dotato d'immaginazione. Il cosiddetto metodo Stanislavskij, uno dei massimi maestri di teatro del '900, si basa proprio su questo concetto. L'immaginazione è la pietra angolare del mestiere di attore. È, però, un destriero selvaggio che bisogna saper domare e tenere sotto controllo, altrimenti il dispendio confuso di fantasia porta alla dispersione.

"Uno dei primi concetti che Stanislavskij propone" sostiene Fausto Malcovati nel suo godibile saggio sul maestro russo, "è il se da cui secondo lui parte tutto il processo creativo: il se è la condizione fittizia in cui l'attore deve agire per rappresentare".

Se io attore immagino, non che il personaggio che interpreto, ma io stesso sono innamorato dell'eroina del dramma, il mio comportamento, per quanto fittizio, provoca in me "il risveglio dell'attività creativa interiore", costringendomi di fatto a "reagire con un'azione reale ad una circostanza immaginaria". L'attore deve convincersi che quel se è vero.

"Dovete credere" dice lo stesso Stanislavskij rivolgendosi ai suoi allievi attori, "che possa esistere una vita simile nella realtà: dovete abituarvici tanto che questa vita estranea deve diventare come vostra. Se vi riuscirà, allora spontaneamente nasceranno dentro di voi passioni vere".

La tecnica del se è quella stessa che ti permette di trovarti nella tua stanza abituale cambiando, per esempio, l'ora: non più alle nove di sera, ma alle nove del mattino, oppure cambiando stagione, non a primavera inoltrata con i primi caldi, ma in autunno con gli spifferi gelidi, che preludono all'arrivo dell'inverno. Immagina di muoverti appena desto, in una stanza priva di riscaldamento, intirizzito e affamato. L'insieme delle visualizzazioni, una sorta di film proiettato nella mente, sarà il tessuto sul quale costruire il tuo personaggio.

Se ci ragioni sopra, il metodo Stanislavskij, oltre ad essere di facile applicazione per un attore, lo è anche per te che attore non sei e forse nemmeno intendi diventarlo.

Ritorniamo alla lettura precedente. Quando leggi un bel romanzo che ti coinvolge emotivamente, torni a riappropriarti dell'immaginazione e, grazie ad essa e all'abilità dell'autore, sei in grado di proiettare sul tuo schermo interiore una serie d'immagini ad effetto. Devi ottenere il medesimo risultato con la voce. Leggendo immagina il film mentre si dipana nella mente e trasferiscilo con la forza delle tue capacità espressive nella mente di un ascoltatore. Naturalmente il primo ascoltatore sarai tu stesso. Registrati e riascoltati. Metti a punto la migliore distribuzione di fiati per le tue pause logiche. Concentrati nella lettura e dai libero sfogo alla fantasia immaginando sul tuo schermo mentale ciò che voleva comunicarti l'autore.

SEGRETO: Un'opera d'arte, sia essa pittorica, scultorea, musicale o cinematografica, è convincente quando tu, davanti ad essa, provi la stessa emozione che il suo autore ha provato nel crearla. Se vuoi essere persuasivo nel comunicare la tua idea, il tuo messaggio, il tuo progetto, è proprio così che devi fare.

Eccoti un esercizio efficace per combattere una voce poco colorita perché troppo monocorde: recita la frase che segue con diverse tonalità, prima bassa, poi intermedia, poi alta, legando bene le parole fra loro.

Ti consiglio la massima puntualità se vuoi essere certo di trovare quel piatto sopraffino e prelibato che ti piace tanto.

L'ultima fase dell'esercizio sta nel recitare la battuta nei diversi stati d'animo: con rabbia, con ironia, con dolcezza, con ansia e via dicendo. Registrati e riascoltati.

Se pensi di avere una voce poco espressiva e vuoi tentare di ravvivarla arricchendola di maggiori sfumature e varietà di toni e colori, prendi il brano che segue (è del Manzoni) e leggilo ad alta voce e adagio, senza correre. Questo esercizio è utile per correggere il difetto del parlare a voce bassa e monocorde, tipico di chi non è sicuro di se stesso.

Il palazzotto... pareva un feroce che, ritto nelle tenebre, in mezzo a una compagnia d'addormentati, vegliasse, meditando un delitto. Lucia lo vide, e rabbrividì; scese con l'occhio giù giù per la china, fino al suo paesello, guardò fisso all'estremità, scoprì la sua casetta, scoprì la chioma folta del fico che sopravanzava il muro del cortile, scoprì la finestra della sua camera; e, seduta, com'era, nel fondo della barca, posò il braccio sulla sponda, posò sul braccio la fronte, come per dormire, e pianse segretamente.

Adesso rileggi il brano con differenti tonalità, prima bassa, poi intermedia, infine alta, legando bene le parole tra loro. Quando sei sufficientemente sicuro di te stesso e della tonalità prescelta, leggi il brano a qualcuno, familiare o amico, col quale sei in confidenza. Lo scopo è quello di prendere dimestichezza con un pubblico, ma, attenzione! Il tuo ascoltatore non deve sapere che stai facendo esercizio, anzi devi agire con molta naturalezza.

Naturalmente, il passo successivo è quello di leggere un brano qualsiasi, anche un articolo del tuo quotidiano di fiducia, davanti ad un conoscente col quale non c'è intimità. Questo può essere il primo passo per liberarti dell'ansia che ti prende nel parlare in pubblico. In fin dei conti, quando avrai preso confidenza con la tua voce e ti sarai convinto di possedere una voce piena, chiara e sicura, non ci sarà neppure più ragione di temere il contatto con il pubblico. Potrai con tutta tranquillità raccontare la barzelletta dell'inizio, certo che quello stesso pubblico si scompiscerà dalle risate.

Almeno a livello teorico abbiamo imparato la corretta pronuncia delle parole, grazie alla quale abbiamo messo il bavaglio alle nostre inflessioni dialettali. Con le regole dettate dalla corretta pronuncia dell'italiano e una buona dizione, adesso dovremmo essere in grado non solo di leggere un testo, ma anche di esprimerci senza l'ausilio di un supporto scritto. Se ciò ci sembra semplice quando interagiamo con un amico, un collega, un conoscente, diventa più complicato se dobbiamo esibirci in pubblico.

Intanto è buona norma seguire un primo dettato di base.

SEGRETO: Si dovrebbe parlare in pubblico soltanto se si ha qualcosa da dire, altrimenti è meglio tacere.

Se, tuttavia, tu dovessi sentire l'impulso incoercibile di dover comunicare a più di dieci ascoltatori una notizia, un progetto, un indirizzo programmatico, sarebbe un'imperdonabile stupidaggine parlare in modo da non farsi capire.

PARLARE IN PUBBLICO È UNA TECNICA, un insieme di regole di comportamento grazie alle quali è possibile di persuadere l'ascoltatore della bontà di un discorso. È un'arte antica che nasce, secondo la tradizione, a Siracusa verso la metà del V secolo a.C. quando, in seguito alla caduta del tiranno Trasibulo, si assiste alla proliferazione di numerosi contenziosi concernenti il recupero da parte di privati di proprietà confiscate. È qui che abili avvocati del valore di Corace e del suo allievo Tisia fissano i fondamenti della retorica, intesa come capacità di servirsi della lingua, con i suoi poteri di suggestione e di suscitare emozioni, per convincere il pubblico e guadagnarne il consenso. Con Aristotile la retorica, più che un'arte volta al convincimento, diventa lo studio dei mezzi di persuasione.

Nella tradizione greco latina la retorica si articolava in 5 punti base, peraltro validi ancora oggi:

- *Inventio*, la ricerca dei contenuti di un discorso. Alla base dell'*inventio* ci sono ricerche, documentazioni, esperienze personali, riflessioni, avvenimenti, ecc.
- *Dispositio*, consiste nel fissare l'ordine degli argomenti da trattare. È ciò che oggi definiremmo la "scaletta" degli argomenti, fatta con criterio al fine di dare efficacia al discorso.
- *Elocutio*, è l'aspetto formale del discorso. Serve a rendere efficace il modo col quale si esprimono i contenuti di una dissertazione e aiuta a mantenere desta l'attenzione del pubblico. A questo proposito acquisiscono

importanza le famose figure retoriche come la **metafora** (*pigro come un orso*), la **metonimia** (*questa estate mi porto Camilleri al mare,* mi porto i libri, non Andrea Camilleri), l'**ossimoro** (*assordante silenzio – lucida pazzia*).

➢ *Memoria,* è la memorizzazione del discorso. Ciò significa che è consigliabile evitare di ricorrere alla lettura, un modo di comunicare che non aiuta certo ad instaurare un rapporto di confidenza con il pubblico, ma anzi toglie spontaneità ed efficacia a qualunque discorso.

➢ *Actio,* infine, è la recitazione del discorso con l'uso della gestualità e della dizione. Ne sono punti essenziali l'espressione del viso, il tono della voce, il modo di gesticolare.

Le cosiddette capacità affabulatorie, l'arte di parlare insomma, non si acquisiscono per diritto di nascita, s'imparano con il costante allenamento. Senza dubbio, uno dei più potenti freni che c'impediscono di parlare in pubblico, come di fare altre cose che pure ci sarebbero utili per progredire nella scalata del successo personale, sono l'ansia, la paura che nasce dall'inesperienza e dall'insicurezza. L'emozione ci prende alla gola, le tempie pulsano, la salivazione si azzera, il cuore ci batte contro lo sterno a velocità forsennata, vorremmo fuggire, trovarci miglia e miglia lontani da quella sala, ma il nostro ruolo, la nostra professionalità, c'inchiodano alla responsabilità di dover parlare. Tutte quelle persone che ci stanno davanti sono lì per noi, attendono le nostre parole per sapere come comportarsi in futuro.

Ricordi l'esercizio di rilassamento che ti ho insegnato all'inizio del corso? È il momento di provarne l'efficacia. Dobbiamo recuperare quel tipo di respirazione profonda e tranquilla che abbiamo quando siamo seduti in poltrona, immersi nella lettura di un buon libro. Proviamo a prendere due o tre respiri profondi e lenti. Ricordiamoci, tra l'altro, che l'iperventilazione polmonare agevola una migliore ossigenazione del cervello. Ciò permette di riacquistare la lucidità mentale e di uscire dall'imbarazzante situazione di chi non ricorda nulla.

L'abitudine a pensare in positivo e una sana tendenza all'ottimismo restano i migliori antidoti all'ansia. Se non bastasse, consiglio questa mistura dagli effetti istantanei.

SEGRETO: Un bicchierino di autostima per valorizzare le nostre capacità, una spruzzata d'ironia per non prendersi troppo sul serio, infine, due gocce di umorismo per sorridere dei propri limiti.

Si dice che il pessimista sia un ottimista che conosce il mondo, ma di là dalla battuta, l'ottimismo e il pessimismo, come condizioni mentali, non dipendono dagli eventi che ci capitano tra capo e collo, ma dal significato che diamo loro. Se reagiamo, trovandovi un significato positivo, siamo degli ottimisti. Se ci rassegniamo, trovandoli ineluttabili e di significato negativo, siamo dei pessimisti.

Tu da che parte vuoi stare?

Allora cerchiamo di visualizzare nella nostra mente situazioni positive, nelle quali, in passato, abbiamo superato, grazie alla nostra abilità, situazioni conflittuali. Oppure proviamo ad immaginare in ogni dettaglio come si svolgerà la nostra prestazione oratoria: parole e concetti ci usciranno con facilità di bocca, coglieremo nel pubblico interesse e approvazione.

Una volta recuperato il senso di sicurezza, che ci deriva dalla forza dei nostri argomenti – rammenta sempre: sei padrone della tua materia e nessuno può metterti in scacco – non dimentichiamoci di dedicarci ad uno degli aspetti preliminari più importanti del rapporto con il pubblico. Non commettiamo l'errore di presentarci di fronte ad un uditorio senza sapere chi sono i destinatari del nostro messaggio. Più dettagli impareremo a conoscere dei nostri ascoltatori, più questi dettagli ci saranno utili nel coinvolgere il nostro pubblico, che avrà l'impressione di ascoltare un discorso preparato su misura per lui.

SEGRETO: Il modo migliore per tenere desta l'attenzione degli ascoltatori è di toccare i loro interessi.

Per ciò che riguarda i contenuti di un discorso, c'è poco da dire: per comunicare con efficacia è indispensabile avere idee chiare su ciò che vuoi trasmettere e indicare con altrettanta chiarezza l'obiettivo che desideri raggiungere. La "scaletta" che hai preparato in precedenza ha lo stesso scopo del progetto: garantire uno svolgimento chiaro e ordinato del processo di comunicazione.

Dopo avere messo a fuoco il messaggio, lo dovrai esprimere con frasi brevi e con un linguaggio semplice. Sembra incredibile ma il più delle volte che ho ascoltato oratori non eccelsi ho avuto l'impressione che il loro sforzo di comunicazione fosse teso unicamente allo scopo di non farsi capire: ragionamenti astrusi, concetti involuti, paroloni usati a sproposito.

E' ovvio che così facendo il grafico dell'attenzione del povero ascoltatore precipiterà sotto lo zero. Al contrario, il modo più diretto per attirare l'attenzione degli altri sarà proprio quello di creare loro delle immagini, di fornire dei sostegni cui aggrapparsi per non lasciarsi andare nel marasma della noia, ma anche suoni, emozioni.

Se parli di alberi, tralascia d'insistere sulla "forestazione", così se fai riferimento al punto di vista dell'oratore precedente, per favore non discutere sulla sua "*Weltanschaung*". La concretezza della tua esposizione indurrà gli ascoltatori a pensare che non ti arrampichi sugli specchi, ma, anzi, penseranno che le tue idee sono chiare, com'è chiaro e realista il tuo modo di esprimerti.

Per mantenerti nell'alveo della semplicità dei concetti sarà meglio dimenticare di ricorrere al *gergo*. Se ti affidi di continuo a parole, frasi, prese a piene mani dal gergo della materia di cui sei specialista fai come chi vuole rimpinzare il suo hamburger di troppa mostarda o di sugo di pomodoro con il risultato non solo di sporcarsi la cravatta o la camicia, ma anche di riempire di schizzi il malcapitato interlocutore.

Di là dalla metafora, il ricorso al gergo o alle locuzioni straniere o alle frasi fatte o ai luoghi comuni, dimostra soltanto la povertà d'idee unita alla superficialità e pigrizia mentale. Meglio ricorrere ad una metafora che almeno strapperà un sorriso e si farà ricordare dal tuo uditorio meglio di tanti paroloni dal significato spesso ermetico.

Per farti un esempio, se sei un politico, lascia da parte il politichese del tipo: *l'attuale assetto politico-istituzionale presuppone l'accorpamento delle funzioni e il decentramento decisionale, implementando nella misura in cui ciò sia fattibile l'appianamento delle discrasie esistenti.*

Se poi sei un assessore al comune, liberati dalle lusinghe del burocratese. Se discuti di aumentare il numero degli accalappiacani per porre un freno al randagismo, evita di chiamarli ogni volta che se ne presenta l'occasione "*nucleo mobile di operatori professionali d'igiene veterinaria*". Esprimiti con semplicità e lascia parlare i fatti.
Un elemento importante da non sottovalutare quando si parla in pubblico è la cosiddetta *verve*, la *vivacità d'espressione,* la capacità di un eloquio brillante e coinvolgente. Anche l'argomento più interessante finisce nel tritacarne della noia se l'esposizione è fatta con voce monocorde, senza

coloriture, improvvise accelerazioni, rallentamenti, pause, uso della gestualità.

Se hai problemi ortoepici e fai confusione sull'uso corretto delle "E" e delle "O" aperte e chiuse, non preoccupartene. Se hai inflessioni dialettali, altrettanto. Quello che è importante per te è la corretta articolazione delle parole.

SEGRETO: Devi solo farti intendere ed essere comprensibile. I tuoi difetti e le sfumature di vernacolo aggiungeranno colore al tuo eloquio.

In secondo luogo, partiamo dal presupposto che la tua voce non abbia difetti tali da renderla insopportabile a chi ci ascolta: sai distribuire i fiati, sai articolare consonanti e sillabe, non hai una voce né flebile né stridula, gutturale o nasale. Puoi quindi dedicarti alla valorizzazione dei diversi elementi espressivi che dovranno caratterizzare la tua emissione di voce.
VOLUME: ormai dovresti averlo imparato. È la sonorità di un suono, in relazione alla quantità d'aria immessa nei polmoni necessaria per ottenere quel suono. L'intensità è data dal grado di forza emozionale che le parole riescono a trasmettere.

TONO: è la capacità di passare da una vibrazione di voce intermedia ad una più alta o ad una più bassa. Solo in questo modo, toni diversi, modulati con efficacia e armoniosità, sono in grado di esaltare quelle parti del discorso che consideri più rilevanti.

COLORE: è la capacità espressiva per antonomasia. Chi è in grado di modulare la propria voce variandone le inflessioni, sa anche esprimere un'emozione, uno stato d'animo. L'assenza di colore in una voce è l'anticamera dell'anestesia. Non dirmi che non sei capace di colorire i tuoi toni di voce. Fai mente locale: quando racconti ad un amico, ad un familiare, un episodio di vita vissuta particolarmente divertente o soltanto interessante, la tua voce assume senza sforzo ritmi, inflessioni e toni diversi che vanno a sottolineare i vari aspetti della tua esperienza.

E' esattamente quello che devi fare quando parli davanti ad un pubblico d'estranei. Di tanto in tanto, inframmezza la tua esposizione di fatti ed eventi che ti sono accaduti personalmente. Sono le tue esperienze personali che interesseranno maggiormente il pubblico, perché niente coinvolge di più degli esempi concreti.

Dobbiamo essere realisti, per quanto le nostre informazioni possano suscitare interesse, la memoria di chi ci ascolta tende a selezionare le notizie e a ricordare soltanto lo stretto necessario. Tutti i test effettuati sui meccanismi della memoria, riportano dati sconcertanti. In media, si ricorda soltanto una minima parte di ciò che si ascolta, anche se il conferenziere è in gamba; se esiste il supporto di audiovisivi, la cifra può aumentare, ma non di molto. Mettiamoci quindi il cuore in pace: qualsiasi discorso faremo, gran parte di ciò che diremo andrà in ogni caso dispersa al vento.

SEGRETO: Il vero segreto non è di esporre il maggior numero di concetti, ma di esporre, sempre in maniera diversa, pochi concetti. La formula di una buona comunicazione verbale è tutta qui.

RIEPILOGO DEL CAPITOLO 7:

- SEGRETO n. 1. Se vuoi comunicare un messaggio a qualcuno è necessaria l'informazione logica non meno dell'emozione trasmessa da una voce ricca di colore e sfumature.
- SEGRETO n. 2. Passare da un tono e l'altro di voce significa modulare.
- SEGRETO n. 3. Un'opera d'arte, sia essa pittorica, scultorea, musicale o cinematografica, è convincente quando tu, davanti ad essa, provi la stessa emozione che il suo autore ha provato nel crearla. Se vuoi essere persuasivo nel comunicare la tua idea, il tuo messaggio, il tuo progetto, è proprio così che devi fare.
- SEGRETO n. 4. Si dovrebbe parlare in pubblico soltanto se si ha qualcosa da dire, altrimenti è meglio tacere.
- SEGRETO n. 5. Un bicchierino di autostima per valorizzare le nostre capacità, una spruzzata d'ironia per non prendersi troppo sul serio, infine, due gocce di umorismo per sorridere dei propri limiti.
- SEGRETO n. 6. Il modo migliore per tenere desta l'attenzione degli ascoltatori è di toccare i loro interessi.

- SEGRETO n. 7. Devi solo farti intendere ed essere comprensibile. I tuoi difetti e le sfumature di vernacolo aggiungeranno colore al tuo eloquio.
- SEGRETO n. 8. Il vero segreto non è di esporre il maggior numero di concetti, ma di esporre, sempre in maniera diversa, pochi concetti. La formula di una buona comunicazione verbale è tutta qui.

CONCLUSIONI

Giunti a questo punto, almeno in teoria, dovresti essere in grado d'interpretare qualsiasi testo italiano con corretta pronuncia, discreta dizione, buon ritmo dinamico. Tuttavia, non pensare che sia tutto così semplice. La strada dello speaker è irta di trabocchetti.

Forse, ti hanno detto che possiedi una bella voce, ben modulata, addirittura musicale. Se hai in animo di fare il doppiatore, complimenti! Mi sembra una scelta azzeccata, ma se vuoi fare lo speaker di professione, il fatto che tu abbia una voce fascinosa può rappresentare un handicap.

Come giornalista o come autore, non ti affiderei mai uno dei miei pezzi da leggere: correrei il rischio di vedere vanificate le mie fatiche di scrittore. La gente ascolterebbe soltanto la voce del narratore dimenticandosi della sostanza narrata. Se poi anche lo speaker è sedotto dalla propria voce e legge ascoltandosi, la frittata è fatta. L'ascoltatore, però, non lo freghi più di tanto. Basta poco perché, superata la malia del momento, si accorga che la lettura non solo è priva di sentimento, ma dà l'impressione che il lettore non capisca nulla di ciò che legge.

Considera questa sacrosanta verità: è ciò che leggi ad avere importanza primaria. La voce è soltanto lo strumento col quale trasmetti notizie, se vuoi anche emozioni a chi ti ascolta, ma, se lavori in televisione, è qualcosa di pari peso delle immagini, del commento musicale, del testo, nulla di più. Solo alla radio, la voce assume una valenza maggiore, ma non approfittarne. L'umiltà è l'arte dello speaker.

Se, tuttavia, l'interesse per questo ebook non è limitato al desiderio smodato di lavorare in radio o in televisione, ma perché eserciti la voce in altri campi o perché vuoi semplicemente acquisire maggiore sicurezza nel tuo modo di esprimerti, allora è tutto un altro discorso. Il mio consiglio è di approfondire la tecnica della respirazione diaframmatica e della corretta impostazione di voce.

Il buon uso di un registro di petto pieno intanto ti offre la possibilità di impiegare un timbro di voce per nulla forzato e assai poco stancante. In secondo luogo, una voce correttamente impostata è facilmente modulabile perché ti offre il destro di passare attraverso varie tonalità: intermedia-bassa, intermedia-alta, oltre che attraverso timbri diversi con il risultato di non essere mai monotono.

Per te, poi, che non hai il dovere assoluto di essere corretto dal punto di vista della fonetica o anche dell'ortoepia, hai l'unico obbligo di essere chiaro. Di conseguenza, cura in special modo l'articolazione. L'italiano, l'abbiamo detto e ripetuto, si può parlare come si vuole, anche con le più pesanti inflessioni dialettali, ma se vuoi farti capire, devi saper rendere nitide e chiare le sillabe che costituiscono i vocaboli del tuo lessico. Devi, in altre parole, essere chiaro, se vuoi che il tuo messaggio giunga di facile comprensione alle orecchie del tuo interlocutore.

Se, poi, vuoi anche essere efficace e risultare convincente presso chiunque, approfondisci le tecniche della modulazione di voce per imparare a dare mordente ed espressività al tuo modo di esprimerti. Quando avrai raggiunto questo traguardo, sarai pronto ad assimilare i prossimi suggerimenti che ti verranno dal prossimo ebook su "L'Arte di parlare in pubblico". Non arrenderti, sii speciale e trasforma la tua vita in quel capolavoro che merita di essere.

Buona Lettura,

Alberto Lori

www.ingramcontent.com/pod-product-compliance
Ingram Content Group UK Ltd.
Pitfield, Milton Keynes, MK11 3LW, UK
UKHW022023190726
13853UKWH00005B/2077